KB203540

해리가 예수를 만났을 때

해리가 예수를 만났을 때

펴낸날 | 2023년 7월 10일

지은이 | 임 현 태
펴낸이 | 허 복 만
펴낸곳 | 야스미디어
등록번호 제10-2569호

편 집 기 획 | 디자인드림
표지디자인 | 디자인일그램

주 소 | 서울시 영등포구 영중로 65, 영원빌딩 327호
전 화 | 02-3143-6651
팩 스 | 02-3143-6652
이메일 | yasmediaa@daum.net
I S B N | 979-11-92979-04-5 (03230)
정가 15,000원

• 본 서의 수익금 일부분은 선교사를 지원합니다.

해리가 예수를 만났을 때

임현태 지음

YAS 야스

추 천 사

　　이주민 사역은 하나님께서 한국 교회에 주신 축복이며 소중한 사명입니다. 특별히 한국에 이주민 노동자로 왔다가, 복음의 사역자가 된 해리 목사님과 같은 분들의 이야기는 참으로 감격스러운 스토리가 아닐 수 없습니다. 이와 같은 간증은 '나그네를 섬김으로 천사를 대접하게 된다'는 하나님의 말씀을 경험하는 현장이 되는 듯합니다. 이러한 이주민 사역의 귀한 스토리가 책으로 나오게 되어 반갑고 기쁩니다. 저자이신 임현태 장로님은 남양주 온누리교회 초창기부터 헌신한 일꾼이며 이주민사역에 오랫동안 헌신해 오신 분으로서 국내 이주민 선교의 파이오니어입니다. 이러한 책을 쓰기에 합당한 분입니다. 아무쪼록 이 책을 통해 국내 이주민 사역들이 더욱 확장되며 새로운 선교의 역사가 쓰여 지는 통로가 되길 바랍니다.

이재훈 목사 온누리교회 담임

iv

임현태 장로님은 지난 20년간 남양주 지역에 있는 인도, 네팔, 베트남 지체들을 진심으로 사랑하고 섬기며 이들에게 예수님을 전하기 위해 최선을 다해 오셨습니다. 이 책은 21세기에 다시 쓰는 사도행전입니다. 인도에서 온 해리 형제의 만남, 그리고 그에게 예수님을 전하는 과정 속에 함께 울고 웃으며 성령님의 인도하심을 경험했던 아름다운 이야기들이 담겨 있습니다. 이 책을 읽으면서, 한 영혼을 끝까지 사랑하신 예수님의 모습이 떠올랐습니다. 이주민 선교 현장에 참여하고 있는 선교사님들과 한국 성도님들이 이 책을 읽고 귀한 교훈과 격려를 받으리라 확신합니다. 임 장로님과 해리 형제님의 삶을 통해 역사하신 하나님께 영광과 찬송을 올려드리며, 이 책을 강력히 추천합니다.

노규석 목사 온누리M센터 본부장

임현태 장로님은 저와는 동기장로로 오래 전부터 잘 알고 있었는데 선교에 대해 특별한 비전과 전문성 그리고 타의 추종을 불허하는 열정을 가지고 계신다. 2022년 여름 남양주 캠퍼스 아웃리치 발대 수요예배 설교를 위해 제가 갔을 때 무려 12개 팀을 파송하는 계획을 보고 그 스케일에 깜짝 놀란 적이 있다. 선교에 대한 장로님의 소명적 헌신은 많은 결실을 맺고 있으며 이 책을 통해서도 서남아권 이주민 선교의 놀라운 스토리를 들을 수 있어서 감사했고 감동적이었다.

"해리가 예수를 만났을 때"는 해리라는 인도 형제를 통해 복음으로 변화된 한 사람이 어떻게 한 가문과 공동체와 마을을 바꾸고 민족에 복음의 씨앗을 심게 되는지를 쓴 책이다. 이슬람, 힌두, 불교권 선교에 대한 생생한 기록이 드문 상황에서 이 책은 흔히 접하는 표면적 기록이 아니라 전문 선교사가 아닌 장로님이 특정인의 세례와 회심의 역사를 세밀히 기록함으로써 하나님이 한 이주민 영혼을 어떻게 구원하시는지를 생생히 보여주고 있다.

저자가 이야기하듯 이 책은 힌두권에 대한 선교 입문서라기보다 고백서이고 예수님의 사랑만이 사람을 변화시키는 힘의 원천임을 설파하는 책이다.

모든 신을 인정하는 힌두교는 예수도 여럿 중 하나로 보고 힌두를 삶과 문화로 간주하기에 이들이 예수를 주님으로 고백하게 하는 것은 지난한 일이며 무슬림 보다 더 회심시키기 어렵다 한다.

남양주온누리가 인도 네팔 이주민 선교를 활발히 할 수 있었던 것은 주변에 이쪽 출신 이주민이 많았기 때문이다. 결국 캠퍼스교회 중 하나인 남양주 교회가 인도 네팔인 이주민 사역에서는 중추적인 역할을 하게 된 것이다. 임 장로님이 하나님이 열어주신 길의 암호를 잘 찾아낸 것이다.

우리 두란노국제선교회에서도 선교현장에서 사용하는 복음의 다양한 접촉점인 대체의학, 마사지 등 의료사역, 비닐하우스 등을 통해서 그들의 니드를 채워주고 관계를 깊게 한 것은 전문인 선교사 못지않은 장로님의 탁월한 능력이었다. 마사지와 식사제공, 병원진료 등은 마치 선한 사마리아인 같은 주님의 사랑을 보여주었고 이러한 사랑이 전도보다 더 그들의 마음을 열었을 것이다.

개종과 회심의 증거인 세례가 매년 끊임없이 나온다는 것은 현지 인도 네팔에 있는 선교사들도 잘 하지 못하는 성과다. 분명한 성령님의 인도하심이 있음을 보게 된다. 교회에 온 인도 형제 해리를 만나 교제하며 결국 세례를 받는 모습은 임 장로님이 해리에게 보여준 주님의 은혜와 사랑 때문이라고 믿는다.

20년 전에 남양주 캠퍼스에서 시작한 인도 네팔 힌두권 선교가 수 년 전에 광릉내에 남양주M센터가 세워짐으로 더욱더 활발히 진행되고 사역의 영역이 확장되고 있다. 복음으로 온전히 회심하여 이들이 본국으로 돌아간다면 그들을 통해 그 온 집안이 구원을 받는 꿈을 꿔본다. '너희는 온 천하에 다니며 만민에게 복음을 전파하라'(막16:15)는 "from everywhere to everywhere", "from everyone to everyone"의 의미로 해석되어 이제는 선교에 장소와 인종의 구분이 없다는 것이다. 한국에 와 있는 이주민 선교는 가장 효과적인 선교의 기회이며 각 캠퍼스가 이러한 역할을 다한다면 더 많은 열방의 영혼들을 구원 하는 기회가 열릴 것이다.

우리에게 중요한 도전을 주는 이 책을 모든 온누리교회 성도들이 꼭 읽기를 바란다.

한충희 목사 두란노국제선교회:TIM 본부장

"누군가를 사랑한다는 말은 그를 하나님의 의도하신 모습대로 본다는 뜻이다" - 도스도예프스키

　　임현태 장로님과 남양주 M미션을 섬긴 많은 성도들의 섬김과 수고는 깊은 하나님의 사랑 속에서 나온 것입니다. 그것은 하나님께 깊은 사랑을 받은 사람만이 할 수 있는 것이고 하나님의 눈으로 M미션의 형제자매들을 바라볼 때에만 가능한 것입니다. 남양주 성도님들에게는 디모데에게 있었던 '거짓 없는 믿음과 청결한 양심'(딤후1:1~5)이 있고 저는 그 사랑의 수고와 섬김을 옆에서 지켜본 증인입니다. 제가 증인이듯 이 책은 또한 남양주 성도들의 사랑이 진실이었음을 증언하는 증거가 될 것입니다. 사랑의 섬김과 수고를 어떻게 한 권의 책에 담을 수 있겠습니까? 이 책의 이야기들 뒤에는 차마 말로 다하지 못한 눈물의 기도와 가슴을 부여잡은 애닳음이 얼마나 많이 있는지는 오직 하나님만이 아실 것입니다. 이 책을 통하여 온누리M미션의 사역들이 많은 사람들에게 알려지고 잃어버리기에는 너무나 아까운 사람들이 '지금'이라는 시간 속에 한국 땅에 있음을 깨닫게 되는 귀한 계기가 되기를 소망합니다. 남양주온누리 성도님들 사랑합니다~ 남양주 온누리 M미션 축복합니다.

안광국 목사 금호중앙교회 담임

남양주온누리교회를 섬기는 동안 임현태 장로님은 단연 '행동하는 영성'의 사역자셨다. 특히 선교와 관련된 일에 관하여는 수많은 말과 이론보다 언제나 한걸음 발품을 먼저 파셨고, 어느새 이주민 친구들을 불러와서 상을 차리며 먹이던 분이셨다. 이 책 역시 마찬가지다. 선교에 관한 비전이나 전략을 말하기 보다는 생생한 현장의 애환을 그렸고, 직접 경험한 사실을 담백하게 증언했으며, 지금도 계속되고 있는 삶 그 자체를 보여주었기에, 독자로 하여금 읽는 동안 스스로 비전과 전략을 생각하게 만들고 있다. 무엇보다 신약성경 27권 중 무려 20권의 각 '1장 8절'을 해리의 삶의 에피소드로 엮어내면서 일종의 이야기 주석서를 구상한 장로님의 성서학적 지혜에 찬사를 보내지 않을 수 없다.

이 책은 각 장마다 주제 구절과 함께 서술된 에피소드를 읽으면서 여러 사람이 소그룹에서 함께 나눌 수 있다면 성경을 기초한 구체적인 선교 실천방안을 창의적으로 모색할 수 있는 선교 전략서로도 사용할 수 있으리라고 생각된다.

해리의 삶이 마치 한 편의 영화 같아서 "When Harry Met Jesus"를 스치듯 얘기하던 장로님과의 나눔이 이렇게

'주님의 지혜와 총명이 가득 담긴'(엡 1:8)

멋진 책으로 나오게 되었다니 기쁘지 않을 수 없다. 선교 사역에 구체적인 발걸음과 결실을 원하는 분들께 꼭 일독을 권하고 싶다.

이해영 목사 성민교회 담임

목차

들어가면서

신약성경 대부분의 1장 8절은 전도와 선교에 대한 내용으로 가득 차 있다. 예수님이 누구신지, 복음에 빚진 자가 어떻게 살아야 하는지, 어떻게 복음을 전해야 하는지, 누구에게 전해야 하는지 놀랄만한 주님의 말씀으로 우리를 인도하고 계신다. 그래서 신약성경 1장 8절의 내용은 하나님 나라에 대한 내용으로 가득 차 있다.

지난 20여 년 간 남양주온누리교회에서는 온누리교회의 선교비전인 ACTS29의 한 페이지를 쓰기 위한 수많은 땀과 눈물과 기도가 있었다. 지금도 계속해서 사도행전 29장은 수많은 선교현장에서 담대히 기록되고 있다. 남양주온누리교회의 선교대상자들은 주로 인도와 네팔에서 온 근로자 이주민들이다. 삼위일체 하나님을 본 따서 사람의 상상력으로 만든 창조의 신, 현상유지의 신, 파괴의 신이 있고 3억3천만 개가 넘는 신들로 가득 찬 다신교의 나라들이다. 그저 예수님도 one of them으로 믿는 신 중에 하나가 될 수 있다.

20년이 넘도록 인도에 있는 집에 가지 못하고 불법체류자로 살면서 그래도 매 주 교회에 나오는 형제가 있다. 어느 날 그가 일하며 거주하는 비닐하우스를 찾아가서 예수님을 믿느냐고 물었다. 물론 믿는다고 한다. 그래서 세례를 받으라고 했더니 못 받는다고 한다. 이유를 물으니 인도에 있는 딸이 결혼을 해야 하는데 지장이 있다고 한다. 그리고는 10분도 안돼서 그가 믿는 힌두교 신들에 대하여 얘기를 꺼내 놓기 시작한다. 그 신들이 자기를 지켜준다는 것이다. 이렇게 힌두교인들을 주님께 인도하는 것은 쉽지가 않다. 아마 무슬림보다도 더 어려울 것이다.

우리는 일본이 선교사의 무덤이라고 알고 있다. 그러나 인도는 그보다 더한 선교사의 공동묘지일 것이다. 그런데 같은 힌두교라도 인도와 네팔은 다르다. 네팔에서 오랫동안 선교를 했던 조경근선교사는 인도는 종교적 힌두교이고 네팔은 문화적 힌두교라고 한다. 인도인들은 종교적 신념이 철저해서 인격적, 신격적으로 접근해야 하고 네팔인들은 문화적으로 접근하면 많은 열매를 맺을 수 있다는 것이다. 선교현장에서 경험한 바로는 일견 수긍이 가는 내용이다.

본 책은 그동안 인도, 네팔 그리고 다문화 특히 베트남 결혼이주민 선교를 통해서 열매 맺은 해리라는 인도 형제를 통해서 한 사람이 복음으로 변화 받았을 때 어떻게 가문과 마을이 바뀌고 민족에 복음의 씨앗이 심기우고 자라나는지에 대한 이야기이다. 힌두권에 대한 선교의 입문서라기보다는 수많은 시행착오로 얻은 고백서이다. 더불어 예수님의 사랑만이 사람을 변화시킬 수 있다는 것을 다시 한번 깨닫게 된다.

세례요한은 "이 빛이 아니요 이 빛에 대하여 증언하러 온 자라"(요1:8)라고 했다. 복음을 전파하는 사명을 조금이나마 담당했기를 바라는 마음이다.

지난 20년 동안 많은 분들의 도움을 받았다. 힘들고 어려울 때마다 고 하용조목사님은 현실 속에서 만나거나 꿈에 나타나셨다. 남양주를 담당하셨던 이재훈목사님의 말씀 한 마디 한 마디도 큰 힘이 됐다. 무엇보다도 고 피현희목사님의 동역은 이주민선교가 남양주에서 날개를 달고 비상했던 시기였다. 오랫동안 동역했던 네팔의 벤자민목사는 지금도 자주 소통하는 협력관계이다. 카트만두에서 35명의 신학생을 가르치는 신학교의 학장으로 네팔의 복음화를 위한 목회자 양성에 전념을 다하고 있다.

남양주온누리교회를 담당하셨던 역대 목사님들께 감사한다. 이기훈목사님, 안광복목사님, 이기진목사님, 안광국목사님, 백상욱목사님, 누구보다도 남양주온누리에서 동역하시다가 성민교회 담임목사님으로 시무하고 계신 이해영목사님의 이주민을 향한 사랑은 이 글을 쓰게 한 원동력이다. 책의 제목까지 지어주시고는 남양주온누리교회 오실 때 꾸셨던 꿈처럼 나르는 마법 융단을 타고 그곳으로 가셨다. 무엇보다도 가장 가까운 동역자는 아내인 이화영권사이다. 음식을 먹다보면 복음도 먹게 된다는 그의 선교철학이 여기까지 사역을 지속하게 하였다. 요리사였던 해리에게 인도 카레를 배워서 인도 현지의 맛으로 만들었던 여러 가지 카레를 먹기 위해 교회에 오는 형제들도 있었다. 아내의 친구 중에는 열정적인 후원자들이 많다.

양재온누리교회의 김행숙권사를 맨 앞 줄에 세우고 싶다. 어느 불교도인 아내의 친구도 좋은 일 한다고 후원을 아끼지 않았다. 그 친구도 언젠가 주님께 돌아올 것이다. 함께 동역한 모든 분들 특히 오랫동안 고락을 나누었던 이창용, 남종욱집사님께 고개 숙여 감사하고 사우디에 있는 아들 부부와 손자 로이 그리고 양평에 사는 딸 부부와 태중에 있는 축복이에게도 할아버지가 사랑한다고 전하고 싶다.

인도를 인도 하십시오

그러므로 우리가 이 같은 자들을 영접하는 것이
마땅하니 이는 우리로 진리를 위하여 함께 일하는
자가 되게 하려 함이라 (요삼1:8)

"인도를 선하게 인도하옵소서." 기도할 때마다 인도인들
의 고개를 갸우뚱하게 만드는 말이다. 인도를 인도한다고?
사실 인도인들을 선교하리라고는 전혀 생각하지 못했다. 하
나님의 인도하심이라고 말할 수밖에 없는 시작이 예비 되었
다고 고백한다. 세계 인구 1위 국가, 세계 6,500여개의 미전
도 종족의 1/3이 되는 2,000여 미전도 종족이 있는 곳.
3,300여개의 언어가 있고 인구 10만 이상이 사용하는 언어
가 200개가 넘고 22개의 공용어가 있는 곳. 사도 도마가 활

동하던 곳. 아유타국의 허황후가 가야국의 김수로왕과 혼인 했다고 알려진 나라(AD46년), 간디와 네루와 타고르의 나라, 윌리암 캐리와 스탠리 존스를 비롯한 수많은 선교사들이 예수님과 함께 걸었던 인도의 땅 그리고 그 길을 생각하면 너무나 중요한 선교지인 것이다. 지금도 고대와 현대가 공존하는 인도를 통하여 그곳에 사는 사람들과 문화와 역사를 이해하며 힌두권 선교에 도움이 되는 작은 기록을 남기고 싶은 마음이다.

2003년은 내 신앙생활의 큰 획을 긋는 해였다. 남양주온누리교회가 창립되기 전에 1년 동안 구리에 있는 기도처에서 기도하며 몇 사람이 모여 이주민 선교를 위해 준비를 하였다. 누구를 대상으로 어떻게 시작할지도 모르는 상태에서 우선 우리가 할 수 있는 방법을 찾기 시작했다. 그들을 섬길수단(tool)이 필요했다. 마침 대체의학(요즈음은 '통합의학'이라고 함) 전문가인 집사님 한 분이 계셔서 가르쳐 달라고 요청했더니 쾌히 승낙을 해 주었다. 마땅히 배울 장소가 없어서 당시 집사님 한 분의 장인이 시무하시는 교회가 근처에 있어 시간이 날 때마다 그곳에 가서 대체의학을 배우기 시작했다. 또한 일시 귀국했거나 국내에 계신 선교사님들을 초청해서 선교에 대한 기본 교육을 받으며 선교현장에 대한 많은 이야기를 들을 수 있게 되었다.

이렇게 준비를 한 후 국내 선교현장에 가기로 했다. 우선 안산에 있는 엠센터에 가서 우리가 배운 대체의학으로 러시아어예배와 몇 개의 예배처소를 찾아가서 외국인근로자들을 섬겼다. 바닥에 눕게 하고 발가락으로 시작해서 얼굴과 어깨와 등과 팔다리에 이르기까지 혈 자리를 눌러가며 실습을 하게 되니 차츰차츰 익숙해지는 것을 느꼈다. 그리고 기회가 될 때마다 이주민 선교현장으로 가서 대체의학으로 섬기며 벤치마킹을 하였다. 그렇게 1년이 지나갔다.

2004년 11월 첫 번째 주일에 남양주온누리교회가 창립예배를 드렸다. 이제 이주민 선교를 할 수 있는 공간이 생긴 것이다. 그리고 접촉점(contact point)을 찾았다. 교회 집사님 한 분이 구리시청에 다니는 공무원이 계셔서 교회 주변에 어느 나라 외국인 근로자가 많으냐고 물었다. 비닐하우스가 많았는데 인도인들이 농사를 잘 지어서 인도에서 온 사람들이 많다고 한다.

우리는 저녁에 농사 일이 끝날 즈음에 비닐하우스를 방문하기로 했다. 먼저 비닐하우스 사장님을 찾았다. 교회에서 나왔는데 일주일에 한번 정도 우리교회에 보내주시면 대체의학을 통해서 마사지도 해주고 저녁식사도 제공하고 몸이 아프면 병원에도 데리고 갈 수 있으니 괜찮겠냐고 허락을 구했다. 대부분의 인도근로자들은 불법체류자라 의료혜택을 못 받고 있어서 감기약 하나라도 처방전이 없어서 비싸게 약을 사 먹어야 하는데 반대할 이유가 없었다.

이제 인도인들만 좋으면 교회에 데려올 수 있었다. 다만 왕복하는데 출입국사무실 사람들의 단속이 무서우니 차량으로 픽업이 가능하냐고 물었다. 물론 가능하다고 했다. 다음 주부터 매 주 토요일에 사역을 시작하기로 하고 10여 명의 사역자들로 조 편성을 시작했다. 차량조, 대체의학조, 식당 섬김조, 교제 및 나눔조, 회계였는데 한 사람이 많은 역할을 맡아야 했다. 얼마 후에 구리의 비닐하우스에서 시작한 지역이 남양주로 넓어지기 시작했다.

더 많은 재정과 사역자들이 필요했다. 교회 정식 사역팀이 아니었기 때문에 사역자들의 회비로 모든 재정을 충당했다. 그야말로 텐트 메이커(tent maker)선교였다. 그렇게 교회의 창립과 더불어 구리 남양주에서의 이주민 선교는 닻을 올리고 항해를 시작하는 배처럼 그리고 항공기가 택시 웨이(taxi way)를 끝내고 도약(take-off)을 위해 출발선에서 날 준비를 끝내고 움직이기 시작하는 순간이었다. 이 땅에 와 있는 나그네 같은 외국인근로자들에게 진리의 말씀을 전할 복음의 전도자들의 이주민 선교사 팀이 형성됐다. 그렇게 남양주 이주민 사역은 잉태되고 창공을 향하여 기지개를 켰다.

열정과 현실 사이에서

오직 나그네를 대접하며 선행을 좋아하며 신중하며
의로우며 거룩하며 절제하며 (딛1:8)

오직 나그네를 대접하며

우리가 힌두교에 대해 알고 있는 지식은 학교에서 배운
것이 모두였다. 소를 신성시하고 소고기를 먹지 않고 다신
교 신앙을 가지고 있다는 것이다. 그런데 그것이 단순하지
가 않았다. 너무나 많은 친구들이 채식주의자(vegetarian)였
다. 그것도 모르는 채 저녁마다 삼겹살을 구웠다. 나름대로

잘 대접한다고 신경 써서 음식을 준비했지만 육식을 썩 좋아하지 않는다는 사실을 깨우치기에는 다소 시간이 걸렸다. 어떤 친구는 고기대신에 라면을 끓여달라고 했다. 그러면 라면을 끓여줬는데 나중에 알고 보니 소고기 라면이었다.

문득 직장 다닐 때 인도사람이 출장 와서 생전 처음으로 이태원에 있는 '무굴'이라는 인도 식당에 갔던 적이 생각났다. 인도인 한 명에 한국인들이 열다섯 명 정도 됐는데 화덕에서 밀가루로 만든 부침개 같은 빵을 구워서 주면 그것을 조금씩 떼어서 여러 가지 카레(커리)를 넣어서 먹었었다. 대접받은 그 인도인은 한국에서 인도음식을 먹은 것이 너무 감동스러워서 식사를 마치고 한 사람 한 사람에게 오늘 음식 맛이 어땠느냐고 물었다. 내가 마지막으로 대답했는데 앞의 열 네 명은 평생 한 번 정도 시도할 만 하다고 대답했다. 어떤 친구는 노골적으로 다시는 안 먹겠다고 했다. 드디어 내 차례였는데 나는 처음 먹어보는 음식이었지만 먹을 만 하다고 대답했다. 다음에 또 먹고 싶다고 했더니 실망하던 눈빛이 안도하는 눈빛으로 달라지는 것을 보았다. 이후에 그가 출장 오면 이태원에 갈 시간이 없어서 근처 빵집에 가서 샌드위치에서 육식성 재료인 햄과 계란, 소시지 빼고 채소만 넣어서 그 친구 출장기간 동안 나도 어쩔 수 없이 채식주의자가 된 적이 있었다.

이제 그들의 문화를 배우지 않으면 안됐다. 특단의 대책이 필요했다. 비닐하우스에서 그들이 먹는 로띠와 카레를 배워서 식사준비를 하기로 했다. 인도 현지에서는 부엌에 한 발자국도 들여놓지 않았던 그들이지만 생존을 위해서는 그들도 저녁마다 로띠를 굽고 카레를 만들어야 했다. 대부분 형편없는 실력이었지만 실력을 판단할 만한 능력이 없었기에 우리는 그들이 가르쳐준 대로 저녁마다 밀가루를 반죽해서 로띠를 만들고 인도 식자재를 파는 곳에서 각종 카레 재료를 사고 필요한 야채를 사서 인도 음식을 만들기 시작했다. 그렇게 매 주 토요일 저녁은 식당이 소란스럽게 음식준비로 작은 잔치집이 만들어졌다.

선행을 좋아하며

우리는 음식을 통해서 우리의 선행이 때로는 다른 문화
권에 있는 사람들을 불편하게 할 수도 있는 것을 알게 됐다.
신중하게 접근해야 한다는 것을 알았다. 그렇다고 그들의
문화에 무조건적으로 동화될 수도 없었다. 식사 후에 자연
스럽게 교제의 장이 마련됐다. 한 명 두 명 모이기 시작한
인도인들이 20여명이 됐다. 마땅히 예배를 인도할 교역자도
없던 시기여서 내가 준비해 온 특정한 주제를 가지고 그들
과 나눔을 가졌다.

어느 날의 주제는 선행의 기준이라는 것이었다. 힌두교
인들에게 선행을 행하는 것은 매우 중요했다. 이야기를 통
해 복음을 전하기로 했다. "자 여기 두 사람이 있습니다. 한
사람은 매 월 500만원을 벌고 또 한 사람은 100만원을 벌고
있습니다. 500만원을 버는 사람이 가난하고 살기 어려운 사
람들을 위해 자기 수입의 10%에 해당하는 50만원을 어려운
이웃을 위해서 기부했습니다. 100만원을 버는 사람은 자기
수입의 20%에 해당하는 20만원을 기부했습니다. 누가 더

선행을 베푼 사람입니까?" 갑자기 시끄럽다. 누구는 500만원 버는 사람이라고 하고 다른 사람은 100만원을 버는 사람이라고 한다. 매 주 빠지지 않고 나오는 형제에게 물었다. "형제님은 누가 더 선행을 베푼 사람이라고 생각합니까?" 그는 100만원을 버는 사람이라고 한다. 왜 그러냐고 했더니 비율로 계산하면 그는 수입의 20%를 사용했고 500만원 버는 사람은 10%를 사용했기 때문이라고 한다. 그래서 내가 그럼 기부금액으로 비교하면 500만원 버는 사람은 50만원을 사용했고 100만원 버는 사람은 20만원을 사용했기 때문에 500만원 버는 사람이 더 크게 선행을 베푼 것이 아니냐고 했더니 더 이상 말을 못했다. "그렇죠. 우리 사람의 생각과 기준으로는 정할 수 없는 절대적인 기준이 있습니다. 그것은 천지만물을 만드시고 통치하시는 창조주 하나님의 말씀으로 판단하고 해답을 찾아야 하는 것입니다. 앞으로 성경 말씀을 배우고 나누면서 알아가도록 하겠습니다" 이런 식이었다. 그리고 삼삼오오 모여서 말씀을 나누고 저녁 늦게 그들의 숙소로 데려다 주었다.

신중하며

사역을 시작한 지 얼마 되지 않아서 목회지원실로 저녁에 전화가 왔다. 마침 그 자리에 있었는데 다짜고짜 목사님을 바꾸라는 호통소리가 났다. 지금 이 시간에는 목사님이 안계시다고 했더니 나에게 누구냐고 한다. 집사라고 했더니 그러면 외국인근로자 사역을 하냐고 묻는다. 맞다고 했더니 갑자기 왜 자기가 한글을 가르치는 인도인 두 사람을 빼앗아갔냐고 하면서 다시 돌려보내달라고 한다. 우리는 누구를 빼앗아 온 적도 없고 자진해서 우리 교회에 나온 것 같은데 본인에게 얘기해서 다시 데리고 가든지 아니면 함께 동역하면 어떻겠냐고 제안했다. 인도에서 귀국한 선교사라고 하면서 알았다고 하며 전화를 끊었다. 참으로 황당했다. 그렇지만 이해도 됐다. 그 형제를 불러서 왜 우리 교회로 왔느냐고 물었다. 여기 오면 아는 친구도 있고 인도 음식도 먹을 수 있고 재미있다고 한다. 한글 공부했던 곳으로 다시는 안 가겠다고 한다. 그 다음 주에 또 전화가 왔다. 형제와 대화한 얘기를 해 주고 함께 동역하면 안 되느냐고 말씀드리니까 됐다고 하면서 전화를 끊는다. 앞으로 매사에 신중하게 생각하고 접근해야겠다고 다짐했다. 한 영혼을 향한 열정은 나만 가지고 있는 것이 아닌 것이다.

에피소드4
의로우며 거룩하고 절제하고

큰 사건이 터졌다. 우리 교회에 3~4번 나왔던 인도인 형제가 친구를 만나고 밤늦게 자전거를 타고 숙소에 들어 가다가 빙판 길에서 미끄러져서 3미터 정도 되는 수로에 떨어졌는데 뇌진탕으로 사망한 것을 다음 날에 누가 발견한 것이었다. 초창기에 몇 번 나오다가 거의 1년을 안 나왔던 친구였는데 참으로 안타까웠다. 남양주 오남에 있는 장례식장에 안치했는데 화장을 하고 유골을 가지고 가면 되는데도 굳이 인도에서 가족이 와서 시신을 가져가겠다고 한다. 시신 안치료는 계속 쌓여가고 인도에서 온 소식은 현지에 있는 선교사님이 수속을 밟아서 가족과 함께 온다는 것이다. 거의 두 달 만에 선교사님이 형제의 아버지를 모시고 입국했다.

장례식장에는 수시로 가서 사정 말씀을 드리고 양해를 구했다. 선교사님의 헌신적인 수고로 모든 절차가 끝나고 항공기로 운구하기 전 날에 장례식장의 배려로 위로예배를 드리게 됐다. 그의 아버지와 사역자들과 인도 친구들과 함께 예배를 드리고 힌디어성경을 그의 아버지에게 드렸다.

당신 아들이 이곳에서 믿었던 살아계신 하나님의 말씀입니다. 아들을 생각하시면서 인도에 돌아가시면 가족들과 함께 이 책을 보십시오. 그는 철저한 힌두교인이었다. 시간과 비용을 마다하지 않고 시신을 가져다가 바라나시 강가에서 태우고 갠지스 강물에 재를 뿌릴 것이다. 힌디어 성경을 주면서 마치 대동강에서 성경을 전해주고 순교 당했던 토마스 선교사의 뜻처럼 누군가가 이 책을 읽고 변화되면 좋겠다고 간절히 기도했다.

이 사건으로 인하여 우리는 거룩하고 의로운 예수그리스도의 복음을 그들에게 더 열심히 전해야겠다고 다짐했다. 그들이 힌두교의 우상숭배로부터 나와서 주님을 믿게 해야 하는 사명으로 이 사역을 시작했기 때문이었다. 역시 인도인들의 선행은 놀랍다. 이곳에서 일하는 많은 인도근로자들이 십시일반으로 모금한 금액이 모든 장례와 운구비용을 다 제하고도 남아서 상당히 큰 금액을 그의 아버지 손에 쥐어 주었다고 어느 인도형제가 말하는 것을 들었다.

우상이 신이라고?

나는 너희에게 물로 세례를 베풀었거니와 그는
너희에게 성령으로 세례를 베푸시리라 (막1:8)

매 주 말씀을 나누며 삶 속에 일어나는 여러 가지 상황
들을 얘기하다보면 더욱 친근함으로 대하게 된다. 대부분
비닐하우스에서 각종 채소를 재배하는 형제들과 농사일을
논하다보면 참 힘들겠다는 생각을 하게 된다. 여름 한낮에
비닐하우스 안은 바깥 뙤약볕보다 더 덥다. 한증막이 따로
없다. 그 안에서 오이, 토마토, 상추, 시금치, 돗나물 등 다
양한 채소를 키운다. 근무시간은 해 뜰 때부터 해 질 때까지
이다. 한 사람이 대개 200~300평짜리 비닐하우스 10개 동

이상을 관리한다. 파종부터 수확까지 모든 과정을 책임진다. 파 농사는 전국을 다니면서 파밭을 관리한다. 어느 날 이제 여건이 많이 무르익었다고 생각하고 예수님을 영접할 사람은 손을 들라고 했다. 20여 명 중에 반 정도가 손을 들었다. 그럼 세례를 받을 사람은 일어서라고 했다. 한 사람이 일어섰다. 그 친구가 우타르 프라데시 주에서 온 형제였다.

에피소드1
인도 우타르 프라데시(UP) 주에서 온 형제

이 형제는 술을 참 좋아했다. 온순하지만 집에 두고 온 가족들을 생각해서인지 술로 외로움을 해결했다. 언제는 교회 집사님이 운영하는 콩나물공장에 취직을 시켜줬더니 술을 먹고 제 때에 물을 주지 않고 온도관리를 못해서 재배하던 모든 콩나물을 폐기처분하기도 했다.

어느 날 새벽 3시에 전화가 와서 받았더니 술을 먹고 어느 골목길에서 자고 있던 것을 동네 주민이 연락해줘서 급하게 나간 적도 있다. 어느 추운 겨울이었는데 발견하지 못했으면 동사했을지도 모른다. 그래도 열심히 교회를 나오고 드디어 세례를 받겠다고 일어선 것이다. 너무나 고마웠고 눈물이 났다. 세례교육을 마치고 주일예배에서 세례를 받는 날 아침에 우리는 꽃다발도 준비하고 기다리고 있는데 교회에 안 나타나는 것이다. 급하게 연락해보니 늦잠을 잤단다. 이렇게 황망할 수가 있나. 다음 주에 다시 세례를 받기로 하고 단단히 준비했다. 그리고 세례의 첫 열매가 맺혔다. 1년 넘게 기도하며 달려 온 결실을 맺은 것이다. 이 친구는 세례 후에도 열심히 교회에 출석했다. 몇 년 후에 자진해서 인도 고향으로 귀국했는데 그곳은 교회도 없는 선교 불모지라서 신앙생활을 못하고 그들의 삶에 파묻혀 살아갔을 것이다. 이후에 그의 아버지가 근로자로 있는 태국으로 갔다고 들었는데 어느 누구도 연락이 닿지 않는다고 한다. 세례 받은 것을 기억하고 늘 가슴 속에 예수그리스도를 품고 살아가기를 소망할 뿐이다.

에피소드2

쿠룩쉐트라에서 온 형제

어느 날 인도 형제 중에 하나가 얘기하기를 직장도 없이

비닐하우스에서 어렵게 사는 친구 하나가 있다고 가보자고 한다. 비닐하우스 안에 방으로 꾸민 컨테이너가 있는데 주변에 소주병으로 가득 차 있었다. 이 친구도 술로 고향생각을 달래고 있었다. 교회에 나오지 않겠느냐고 물었다. 와서 고향 친구들도 만나고 고향 음식도 먹고 함께 교제하지 않겠느냐고 하니까 그러겠다고 대답한다. 다음 주부터 교회차로 픽업하기로 했다. 이 친구는 처음에는 무척 과묵했다. 말도 잘 안하고 소수의 고향 친구들과 어울려서 한 쪽 구석에서 얘기를 나누었다. 그러나 예배 시간이 되면 귀를 기울이고 말씀을 들었다. 몇 달이 지난 후에 예수님을 믿느냐고 물었다. 그렇다고 대답한다. 세례를 받겠냐고 했더니 한참 생각을 하다가 그러겠다고 대답한다. 이 친구와 함께 한 사람이 더 세례를 받았다. 세례 2호, 3호자가 나온 것이다.

2호로 세례를 받은 이 친구는 심한 향수병(nostalgia)을 앓고 있었다. 그래서 가끔은 술로 이를 잊어버리려고 과음을 한다는 얘기가 들려왔다. 이 친구는 정말 신실하게 예수님을 믿었다. 후에 만성 신부전증이 발견돼 혈액투석을 해야 하는 상황이 와서 인도로 돌아갔다. 인도에 돌아가서 투석을 받고 아내로부터 신장이식까지 받았지만 수 년을 더 살다가 소천하는 안타까움이 있었다.

인도에서 두 번을 만났었다. 핏빛 없는 검은 색의 얼굴로 반갑게 맞이하는 이 친구와 인도 식당에서 식사를 같이 하던 추억이 아련하다. 두 번째 방문했을 때는 17명의 아웃리치 팀과 방문했었는데 우리에게 여러 가지 음식을 대접하던 모습이 생생하다. 이 친구는 해리 이야기에 몇 번 등장하는 친구이다.

에피소드3
쿠룩쉐트라에서 온 또 다른 형제

출석하는 교회는 다르지만 매달 다섯 가정이 모여서 함께 선교를 위해서 기도하는 연합기도회 모임이 있었다. 우리 부부도 교회 내에서 선교사역을 함께하는 정인숙 권사님의 소개로 참여하게 됐는데 주로 진관제일교회를 섬기시는 이주영 장로님 댁에서 모임을 가졌다. 장로님 부부는 인터콥 선교단체를 열심히 섬기시는 분들이었다.

배 밭을 소유하고 계시는데 배 밭 옆에 컨테이너를 하나 가지고 계셨다. 컨테이너를 외국인 근로자들을 위한 기도처 겸 교제 장소로 사용을 허락해 주셨다. 사역자 중에 한 분이 도배사가 계셔서 도배를 새롭게 하고 전기장판을 깔았더니 다섯 평 남짓의 멋진 예배처소가 생겼다. 당시 사역팀의 담당이셨던 피현희목사님을 모시고 가서 사역자들과 함께 은혜로운 입당식을 가졌다.

어느 날 인도 친구들을 이곳으로 초대해서 예배를 드리고 난 후에 혹시 이번 부활절에 세례를 받을 사람이 있느냐고 물었다. 10여 명의 인도 친구들 중에 그 날 처음으로 온 친구가 손을 번쩍 든다. 우리 모두는 깜짝 놀랐다. 교회에 한 번도 안 나오고 여기에 처음 나온 친구가 세례를 받겠다고 하니까 어리둥절했다. 세례의 의미를 아느냐? 어떻게 세례 받을 생각을 했냐고 물었다. 이 친구가 말하기를 인도에 자기와 매우 절친한 친구가 있는데 아주 신실하게 매일의 삶을 산다고 한다. 싫은 기색 하나도 없이 궂은 일도 마다하지 않고 주변 사람들도 잘 도와주고 자기도 그 친구를 닮은 삶을 살아가고 싶다고 하면서 그가 크리스천이라고 한다.

언젠가 누가 예수님을 영접하고 세례를 받지 않겠느냐고 물으면 꼭 세례를 받고 예수님을 믿겠다고 다짐했는데 오늘 그런 질문을 해서 손을 들었다는 것이다. 우리 모두는 멍할 수밖에 없었다. 이것이 바로 생활전도구나. 누군가 나의 삶을 통하여 예수를 믿겠다고 할 수 있을까? 모두가 부끄러웠다.

이 친구는 중동 건설 현장에서도 일을 했고 많은 해외 경험도 있었다. 그 해 부활절에는 이 친구 혼자 세례를 받았다. 그리고 몇 해가 지나가서 자기 아들이라고 하면서 청년 하나를 데리고 왔다. 그리고 매 주 그 아들과 함께 예배에 참석했다. 어느 날부터인가 자기 동네에서 온 친구와 소원해지기 시작했다. 내가 왜 그러냐고 다른 사람에게 물었더니 이 친구가 자기 동네에서 온 친구의 형님에게 전화해서 이곳 수입의 일부를 빼돌린다고 일러바쳐서 서로 크게 싸웠다고 한다.

사실 인도인들은 집안에서 형제들이 돈을 모아서 대표 한 명을 보낸다고 한다. 따라서 매 달 번 돈을 모두 집에 보내면 모든 형제들이 분배해서 살림에 쓰는 것이다. 물론 자기 비용을 들여서 한국에 왔으면 모두 자기 소유이다. 일부를 착복한 사실을 형제들에게 알렸으니 서로 원수지간이 된 것은 불문가지였다. 이 친구는 자기 형님이 사망해서 인도로 돌아갔다. 후일 들리는 이야기는 형수와 계대결혼을 했다고 한다. 자기 집안의 재산이 형수 집안으로 넘어가는 것을 방지하기 위해 그렇게 결혼했다고 하는데 구약시대에 있을 법한 결혼 문화가 아직도 인도에는 있다는 것을 알게 됐다. 자기 형수 아니 아내가 된 사람을 오토바이에 태우고 길거리를 달려가다가 맨홀에 빠져 자기 아내는 사망하고 이 친구는 살았다는 소식을 그 후 몇 년이 지나서 듣게 됐다. 인도에 가면 꼭 만나고 싶은 친구이기도 하다.

암발라 친구

어느 날 걸물이 하나 들어왔다. 고향이 암발라인데 한국어를 한국사람 뺨치게 잘하는 친구였다. 딸이라고 하지 않고 딸내미라고 말 할 정도였다. 재미있게 이야기도 잘하고 아무튼 인도 친구들 사이에서는 리더의 역할을 하는 친구였다. 그 친구는 누구에게도 어느 상황에서도 거침이 없었다.

어떤 식품공장에서 근무했던 경험을 말하는데 그곳에 다섯 명의 인도 형제들이 일을 하고 있었다고 한다. 한국인 사장님의 불만은 늘 한국어 소통이 어려운 인도 형제들 때문이었다. 어느 날 이 형제가 함께 있을 때 사장님이 다른 인도 형제들에게 말이 안 통한다고 불평을 하는 것이었다. 그가 사장님에게 이렇게 얘기했다고 한다. 우리 인도인은 다섯 명이고 사장님은 한 사람이니까 사장님이 힌디어를 배우면 될 것이 아니냐고. 아무튼 기존에 나오던 친구 중에 하나가 이 친구에게 교회에 가자고 권유해서 데려온 것이다. 얘기를 들어보니까 공장이고 농장이고 한국어를 잘 하니까 많은 주인들하고 교류를 해서 인도 친구 중에 실직한 사람이 있으면 취업알선도 하고 아무튼 발이 넓은 친구였다.

교회에서 몇 번 얘기를 나누다가 그 친구가 일을 하는 농장을 방문했다. 파 농사를 전문적으로 하는 농장이었는데 여기저기 농사짓는 파밭도 많았고 이 친구는 파종부터 생산관리, 포장, 판매까지 주인을 대신해서 모든 일을 하는 만능 농사꾼이었다. 주인의 신임이 두터워서 파를 판매하고 가지고 있는 자금도 몇 백 만원을 늘 지니고 있었다. 비닐하우스 안에 있는 컨테이너를 방으로 꾸며서 살고 있었다. 갈 때마다 짜이(인도 전통차로 홍차, 우유, 생강과 설탕을 넣어서 끓인다)를 대접하고 많은 이야기를 나눴다. 식사 때만 되면 로띠를 부치고 주로 콩으로 만든 카레를 함께 먹었다.

상당히 친밀함이 들 무렵에 내가 단도직입적으로 물었다. 인도인들이 믿는 힌두교에는 3억3천 만 개의 신들이 있다고 하는데 그 중에는 소, 원숭이, 코끼리도 있고 창조의 신, 현상유지의 신, 파괴의 신이라는 것도 사실 따지고 보면 사람이 만든 것 아니냐? 그 신들이 너에게 어떤 존재인가? 너의 실질적인 삶에 어떤 역할을 하고 무슨 도움이 되는가? 그저 생명력 없는 돌과 같은 존재로서 우상밖에 되지 않는 것을 신이라고 믿고 사는 것이 아니냐? 그 친구의 눈이 갑자기 휘둥그레졌다. 큰 쇼크를 받은 것 같았다. 평소에 그냥 친한 아저씨 같은 사람으로 지낼 요량으로 가깝게 지낸 사람이 수 십 년을 믿던 힌두교에 대해서 비판하더니 참으로 이해를 못하겠다는 표정이었다. 이런 이야기를 한 다음날 또 만났다.

눈동자가 빨갛게 상기돼 있었다. 어제 밤에 한 숨도 못
자고 내가 얘기한 내용을 밤새도록 곱씹으면서 생각했다는
것이다. 내가 얘기한 것이 맞는 것 같다면서 앞으로 하나님
에 대해서 마음을 열어놓고 알아가 보겠다고 말한다. 나중
에 안 사실은 이 친구가 왜 영향력이 있는 지를 파악하게 됐
다. 카스트가 브라만과 크샤트리아의 사이에 속하는 계급이
고 고향에서 꽤 많은 농지를 갖고 있는 지역 유지였다. 그래
서 여기 한국에 와서도 리더의 역할을 할 수가 있었던 것이
다. 이 친구 사촌 여동생의 남편이 바로 해리였다. 어느 날
해리를 교회에 데리고 왔다. 그렇게 해리와의 카이로스
(kairos)적인 만남은 시작되었다. 그리고 계속해서 부활절과
성탄절에 세례를 받는 친구들이 매 해 끊임없이 나왔다.

고난 속에서 잉태되는 믿음

형제들아 우리가 아시아에서 당한 환난을
너희가 모르기를 원하지 아니하노니
힘에 겹도록 심한 고난을 당하여 살 소망까지
끊어지고 (고후1:8)

내가 해리를 처음 만났을 때는 그가 제주도의 어느 공장에서 귤을 포장하는 일을 하고 있을 때였다. 그런데 그해 작황이 좋아서 공장 사장이 제주도에서 많은 돈을 들여서 귤을 가져오면 값도 제대로 못 받고 수송비와 인건비, 창고비 등 모든 비용을 제하면 손해를 보는 구조였다. 사장이 몇 달간 인건비도 안 주고 연락도 잘 되지 않는다고 임금을 받아달라는 부탁이었다. 무조건 공장에 가봤다. 제주도에서 벌크로 귤을 가져와서 크기별로 선별하고 규격화된 소형 박스에 일정 중량으로 포장하는 공장이었는데 몇 명의 인도근로자들이 몇 달간의 임금을 못 받고 있었다. 몇 번의 시도 끝에 사장과 통화가 됐다. 사장님의 사정은 충분히 이해가 가지만 무엇보다도 먼저 임금문제를 해결해야 하지 않느냐고 요청을 드렸다. 인도에 있는 이들의 가족들을 생각하고 우리나라의 이미지도 있는데 임금체불은 막아달라고 얘기했었던 것 같다. 그럼에도 불구하고 임금 한 푼 못 받고 해리는 직업을 잃어버렸다.

그리고 간 곳이 원단 공장이었다. 월급을 받는 곳이 아니고 아르바이트였다. 새벽이나 밤늦게 원단이 들어오거나 재가공한 원단이 나갈 때면 트럭에서 공장으로 또는 공장에서 트럭으로 싣고 내리는 일이었다. 불규칙적인 일이었지만 비닐하우스나 공장에서 월급 받는 것보다 수입이 좋을 때도 있었다. 그러나 이 일도 오래가지 못했다.

공장이 이전을 한 것이다. 사촌 손위 처남은 만날 때마다 야단을 쳤다. 한 곳에 진득하게 일이나 하지 비정규적으로 아르바이트나 하는 것이 마음에 들지 않았기 때문이었다.

비닐하우스에 자리를 마련해 줘도 농사일은 안한다고 하니까 너무 화가 났는지 나에게 와서 해리 욕을 바가지로 하고 갔다. 그런데 해리가 비닐하우스 일을 안 하려는 이유를 알았다.

그 해 상추를 많이 심었는데 가격이 폭락한 것이었다. 지난해에 상추를 많이 안 심어서 상추가 금값이었었는데 너무 많은 사람들이 상추를 재배했던 것이다. 상추 5 kg 한 박스가 2,000원도 안했다. 빈 박스 값만 700~800원이고 인건비와 수송비, 비료비를 합치면 3,500원이 넘었는데 상추를 생산할 때마다 손해였다. 많은 사람들이 상추를 갈아엎었다. 이것이 바로 킹의 법칙(King's Law : 농산물의 공급이 과다한 수요를 못 따라갈 때 가격이 몇 배 폭등하는 것)과 거미집 이론(전년도 농산물의 가격이 높았을 때 다음 해에 과다 생산 공급으로 가격이 폭락하는 것)이었다. 해리는 이것을 눈앞에서 보고 또 다시 임금을 못 받을까봐 비닐하우스는 안 갔다. 다만 비닐하우스에서 아르바이트가 있으면 어떻게든 갔다. 일당이 후했기 때문이다.

그 해 겨울은 유난히 추웠다. 갈 곳이 없었던 해리는 기

도처로 사용했던 컨테이너에서 자면 안 되느냐고 사정을 했
다. 이미 전기장판은 고장 나서 냉골이었다. 그래도 좋다고
해서 이주영 장로님의 동의를 얻어서 한 겨울을 컨테이너에
서 살았다. 인도와 비교할 수 없는 추위와 싸우면서 혹독한
고난을 견디어 냈다. 사도 바울은 복음 들고 아시아에서 환
난을 당하였지만 해리는 이전에 겪어보지 못한 육체적 고난
과 싸우면서 그렇게 살아갔다.

가짜와 진짜는 어떻게든 구별 됩니다

그러나 우리나 혹은 하늘로부터 온 천사라도
우리가 너희에게 전한 복음 외에 다른 복음을 전하면
저주를 받을 지어다 (갈1:8)

어느 토요일이었다. 비즈니스로 인해서 안산에 있는 공장에서 상담을 하고 있었는데 다급하게 해리가 나를 만나자고 한다. 무슨 일이냐고 했더니 빨리 와서 오남에 있는 어느 공장에 가야한다고 한다. 매를 맞았다고 하는데 무슨 말인지 이해가 안됐다. 두 시간 정도 걸린다고 하니까 괜찮다고 한다. 부리나케 약속장소로 가서 만났더니 오남 저수지 밑에 있는 동네의 골목골목을 지나쳐서 조그만 가내수공업공장에 들어갔다. 나는 그날 신사복 정복을 입고 있었는데 나를 출입국관리소 직원이나 형사로 알았는지 어느 외국인 근로자 여성이 먼저 나를 보고 도망을 하였다.

기계 앞에 앉아 있던 인도 근로자는 바로 내 앞에서 엉거주춤 꼼짝 못하고 잡혔다. 해리가 그 친구를 가리키면서 자기를 이유 없이 때렸다는 것이다. 자세하게 얘기해 보라고 했더니 어느 날 여러 인도 친구들이 아파트에 모인다고 해서 갔더니 자기를 때린 인도 근로자를 포함해서 20여 명이 있었는데 서로 다니고 있는 교회 얘기를 했다고 한다. 해리는 자랑스럽게 온누리교회에 다닌다고 하니까 갑자기 달려들어서 주먹질을 당해 맞았다고 하면서 사과하라고 소리를 쳤다.

폭력을 행사한 친구는 한국어가 서툴러서 자꾸 어디엔가 전화를 했다. 그리고는 나에게 받아보라고 한다. 내가 누구냐고 전화로 물어봤다. 유창한 한국어로 자기는 어느 교회의 전도사라고 하는데 이단교회였다. 해리라는 친구가 매를 맞았다고 하는데 당신도 그 자리에 있었느냐고 물었더니 자기도 그 자리에 있었고 폭력장면을 봤다고 한다. 왜 때렸느냐고 하니까 자기도 모르겠다고 하면서 아마 사소한 말다툼

이 있지 않았는지 모르겠다고 한다. 이제 폭력이 있었는지
는 밝혀졌다. 내가 폭력을 행사한 친구에게 왜 해리를 때렸
는지 물었다. 대답을 안했다. 갑자기 미안하다고 사과를 한
다. 해리가 나에게 저 친구가 사과할 시간이 지났다고 하면
서 됐다고 소리쳤다.

찬찬히 공장을 둘러봤다. 양말을 포장하는 기계가 돌아
가고 있었는데 여기저기 'Made in China' 상표들이 가득히
바닥에 떨어져 있었고 포장되는 상표는 'Made in Korea'였
다. 원산지를 변경하는 불법의 현장이었다. 그 친구에게 조
용하면서도 단호하게 경고를 했다. 다시한번 이런 일이 또
일어나면 경찰서에 신고하겠다고 하니까 절대 그럴 일이 없
을 것이라고 다짐했다.

조금 후에 어떤 한국 사람이 나타났다. 누구냐고 했더니
자기가 사장이라고 한다. 자초지종을 얘기했더니 그럴 친구
가 아니라고 하면서 단단히 타이르겠다고 하면서 계속 대신
사과하겠다고 하면서 굽신거린다. 아마도 내가 교회에서 왔
다고 하니까 조금은 안심이 되는 것 같았다. 그렇게 한바탕
해프닝은 끝났다. 해리는 자기편을 들어줘서 고마운지 계속

감사하다고 한다. 나중에 알게 된 것이지만 해리는 이단들의 숙소를 간 것이었다. 거기에서 자랑스럽게 우리 교회를 얘기했으니 눈 밖에 난 것을 대표로 한 친구가 폭력을 행사한 것이었다. 나머지 모두도 공범자들이었다. 해리는 이단의 매운 맛을 몸으로 겪었던 것이다. 다시는 그곳 근처에도 가지 않을 것이라고 한다. 그리고 친구들에게 그곳의 실체를 얘기하고 다녔다. 그 후에 양말 포장공장에 한번 더 가봤는데 도저히 찾지를 못했다. 너무나 미로 같은 은밀한 곳에 위치해 있던 곳이었다. 해리는 이렇게 다른 복음에 눈을 감고 오직 참된 복음에 눈을 뜨는 계기가 되었다.

먹으면 먹게 된다

예수를 너희가 보지 못하였으나 사랑하는도다.
이제도 보지 못하나 믿고 말할 수 없는 영광스러운
즐거움으로 기뻐하니 (벧전1:8)

다음 날 주일에 해리가 교회 2부 예배에 왔다. 복도에서
만났는데 나에게 할 말이 있다고 하면서 조용한 곳으로 가
자고 한다. 그러면서 나에게 good news를 얘기하겠다고 한
다. 무슨 좋은 일이 있냐고 했더니 이제부터 예수님에 대해
서 열심히 알아가 보겠다고 한다. 그동안 섬기는 분들의 헌
신적인 모습과 예수님을 진심으로 사랑하는 마음을 몸으로
느낀 것 같았다. 너무 고마웠다. 아마 어제 자기편을 들어준
것에 대해서도 고마워하는 것 같았다. 그래 잘 해봅시다. 예

수님이 해리 형제를 너무나 사랑하시는 것 같아요. 해리를 향한 하나님의 놀라운 뜻이 반드시 있을 것으로 믿어요.

이후에 우리는 자주 만났다. 그리고 우리 사역 요일도 토요일에서 목요일로 변경했다. 인도 근로자들과 사역자들 모두 동의했다. 해리는 예배 시작 전에 항상 일찍 교회에 왔다. 인도에서 원래 요리사였기 때문에 해리가 카레와 각종 인도음식을 하는 날이면 모든 사람들이 최고의 인도 요리를 먹는 날이었다.

요리에 늘 관심이 많은 아내는 해리가 요리하는 날이면 노트를 들고 열심히 레시피를 받아 적었다. 카레 하나를 만드는데 그렇게 많은 재료와 향신료(마살라)가 들어가는지 처음 알았다. 카레를 비롯한 인도 음식의 영역이 넓혀졌다. 아내는 '(음식을) 먹어야 (복음을) 먹는다'는 선교철학을 가지고 있었기에 해리가 못 나오는 날이면 전화를 해서 나오는 인원을 기준으로 필요한 재료의 양과 레시피를 받아 적어서 요리를 했다. 어느 정도 시간이 지나니까 해리의 음식 솜씨와 비슷해져갔다.

해리가 오기 전에는 인도에서 한 번도 부엌에 들어가지 않았던 인도 형제들의 래시피대로 카레를 만들었는데 로띠를 제외하고는 음식 솜씨들이 썩 좋지 않았다. 어떤 친구는 마살라만 많이 넣으면 맛있는 음식이 되는지 알고 음식 재료를 낭비했고 어떤 친구는 들어가야 하는 마살라를 넣지 않아서 맛이 없었다.

사실 인도에서는 남성들이 부엌에 들어가지 않는다. 남성과 여성의 역할분담이 있다는 것이다. 어떤 가정은 여성이 자기네 집안의 논과 밭이 어디에 있는지도 모르는 경우도 있다고 한다. 농사일은 남성의 영역이기 때문이다. 아무튼 매 주 풍성한 인도 음식이 준비됐다. 교회에 오자마자 짜이(우유, 홍차, 생강, 계피, 정향, 설탕 등을 넣고 끓인 뜨거운 차)가 제공됐고 에그 카레, 치킨 카레, 콩으로 만든 달 마카니(Dal Makhani), 볶음밥 같은 비리야니(Biryani), 시금치로 만든 팔락 파니르(Palak Paneer)와 감자, 양파, 각종 야채와 향신료로 만드는 인도식 만두인 사모사(Samosa), 감자와 커리플라워가 재료인 알루고비(Aloo Gobi), 그리고 디저트음료인 라씨(Lassi)와 계절과일에 이르기까지 고급 인도

레스토랑에서 먹을 수 있는 음식들이 매 주 제공됐다.

외부에서 벤치마킹으로 오거나 내부의 목회자들을 포함한 지체들이 오면 몇 만 원짜리 음식을 먹고 가는 것이라고 얘기를 하면서 교제를 나눴다. 이 즈음에 아시아연합신학대학교(아신)에 ThM 학위를 위해 공부하러 네팔에서 온 벤자민이라는 목사가 있다는 것을 알고 만나봤다. 인도에서 공부해서 힌디어가 능통한 분이었다. 함께 동역하지 않겠느냐고 제안을 했더니 바로 좋다고 대답한다. 다만 아신에 동남아시아와 아프리카에서 온 외국인 학생들이 많으니 저녁에 함께 와서 동역하고 식사교제를 나누면 좋겠다고 한다. 몇명이나 올 예정이냐고 했더니 10~15명이라고 한다. 회의를 했더니 인도근로자들을 픽업하기 전에 미리 가서 차량으로 픽업하면 된다고 모두 동의하였다.

벤자민과 함께 매주 10~15명의 아신의 외국인 학생들이 인도인들과 예배를 드리며 식사교제를 나누었다. 목요일 저녁이면 네팔, 인도, 방글라데시, 미얀마, 스리랑카, 케냐, 콩고, 우간다, 말라위, 나이지리아 등 다양한 나라에서 온 학생들로 가득 찼다. 작은 유엔총회장 같았다. 천국이 바로 이런 모습이 아닐까 생각하고 식사할 때마다 주 안에서 한 형제자매로 천국에 오신 여러분을 환영한다고 말하면서 인사를 했다. 해리 형제가 교회에 출석하면서 식탁이 풍성해지고 많은 사람들이 함께 즐거움과 기쁨을 나누는 천국잔치가 시작되었다.

인도에서 네팔까지

먼저 내가 예수그리스도로 말미암아 너희 모든
사람에 관하여 내 하나님께 감사함은 너희 믿음이
온 땅에 전파됨이로다 (롬1:8)

몇 달간 신앙생활을 한 후에 해리가 세례를 받았다. 한국
어를 잘하는 해리는 한국어를 힌디어로 전달하는 큰 역할을
했다. 물론 대부분의 설교는 벤자민 목사가 담당했지만 모
든 의사소통의 창구는 해리였다. 영적 리더의 역할을 다하
는 소중한 존재가 돼 갔다.

어느 날 나에게 와서 자기가 다니는 농산물 포장 공장에
네팔 사람들이 있는데 그 중에 두 명이 치통으로 고생하고

있는데 치과치료를 받게 할 수 있느냐고 묻는다. 교회에 나오는 치과의사가 있어 전화를 했다. 이종석 집사였는데 데리고 오라고 한다. 농산물 포장 공장이 있는 남양주 내곡리와 치과가 있는 장현리는 자동차로 10분도 안 걸리는 위치에 있었다. 치과 예약한 날 공장 근처로 자매들 두 명을 데리러 갔다. 모두 한국어를 잘 했다.

치과에 가서 한 사람은 신경치료를 잘 했고 또 한 사람은 치아가 두 개 부러져서 새롭게 만들어 넣어야 한다고 했다. 신경치료를 받은 자매는 치료를 몇 번 더 받고 완치되고 또 한 자매는 재료비만 받고 치료를 해 주어서 거의 동시에 두 사람의 치료가 끝났다.

네팔도 인도와 마찬가지로 힌두권이라서 조심스럽게 교회에 나오지 않겠느냐고 얘기를 해봤다. 네팔에서 온 목사님이 있으니까 공장에 있는 모든 네팔 사람들이 모이는 날 집에 방문해도 좋겠느냐고 물어봤다. 그렇지 않아도 편안하게 치과치료를 받았는데 마다할 이유가 없었다.

어느 날 네팔인들이 집으로 오라고 한 날, 벤자민 목사와 해리 그리고 정인숙 권사님과 함께 방문을 했더니 네팔 음식을 가득 차려놓고 기다리고 있었다. 그렇게 네팔인들이 교회에 오기 시작했다. 가끔 진접에 있는 우리 집에 초청해서 식사를 하고 남양주 지체들이 가져온 각종 의류와 부엌용품들을 벌여놓으면 필요한 것들을 가져갔다. 그 이후에 많은 네팔 형제자매들이 세례를 받고 신실한 주님의 자녀가 됐다.

해리가 구원의 통로, 축복의 통로가 된 것이다. 아울러 남양주온누리교회의 힌두권에 대한 지경이 넓어지는 계기가 되었다. 이즈음 서빙고 힌디어 예배팀에서 연락이 왔다. 남양주온누리가 서빙고 힌디어예배를 흡수통합하면 좋겠다는 것이다. 서빙고에는 몇 명 나오지도 않고 선택과 집중 차원에서 좋겠다는 것이었다. 사역자 회의를 통하여 그렇게 하기로 했다. 사실 서빙고에서 한 명의 성도도 온 것은 아니었다. 조직상으로 남양주가 힌디어예배를 대표적으로 한 것뿐이었다.

온누리교회에는 이주민 선교를 담당하는 M Center가 여러 곳에 있다. 안산, 화성, 김포, 평택 등이다. 20여 개의 외국어예배가 있지만 유일하게 힌디어예배가 있는 곳은 남양주이다. 인도와 네팔까지 힌두권을 품는 믿음의 공동체가 이제 하나님의 나라를 더욱더 확장하기 시작했다.

선교적 교회를 향하여

주의 말씀이 너희에게로부터 마게도냐와 아가야에만
들릴 뿐 아니라 하나님을 향하는 너희 믿음의
소문이 각처에 퍼졌으므로 우리는 아무 말도
할 것이 없노라 (살전1:8)

이즈음 많은 인도인들을 교회로 인도하기 위해 여러 가
지 아이디어가 나왔다. 가장 좋은 생각은 인도인들이 많이
일하고 있는 비닐하우스 근처에 가서 음식을 나눠먹고 밤에
야외 영화 상영을 하는 것이었다. 장소를 물색해 보았다. 좋
은 장소가 있었다. 바비큐를 할 수 있는 넓은 공간도 있었고
전기를 끌어 쓸 수도 있었다. 카레와 로띠는 교회에서 준비
해 가고 삼겹살은 그곳에서 구우면 됐다. 마침 전기설비를

하는 집사님과 몇 사람이 미리 가서 영화 상영을 할 수 있도록 준비를 하고 몇 사람은 바비큐를 할 수 있도록 드럼통으로 만든 통을 설치했다. 그리고 인도친구들에게 함께 일하는 인도인들을 모두 데려오라고 했다.

50여 명의 인도인들과 비닐하우스에서 일하는 베트남 자매들 그리고 조선족등 다양한 근로자들이 모였다. 인도 음식과 바비큐를 나눠 먹고 영화를 봤다. 바닥에 돗자리를 깔고 자연 속에서 하늘을 바라보며 영화를 보는 묘미를 어디에 비교하랴? 옛날 어릴 때 천막 영화관에서 '빨간 마후라'를 보던 시절로 돌아 간 기분이었다. 이때 알았던 사실은 인도인들이 너무나 영화를 좋아한다는 것과 비닐하우스에는 인도인들만 있는 것이 아니라는 사실이었다.

우리는 그렇게 하나님 나라의 지경을 넓히는 모멘텀을 맞이하게 됐다. 다음주 사역자 모임에서 다문화사역에 대한 논의가 있었다. 영화 볼 때 만났던 베트남 자매들과 조선족 자매들을 포함해서 구리에 있는 다문화 가정을 파악하기로 했다. 구리사회복지관을 방문해서 알아보니 결혼으로 온 베트남, 캄보디아, 페루, 필리핀 사람들의 다문화 가정이 꽤 많았다. 당시 정인숙 집사님을 중심으로 몇 분들이 헌신적으로 참여해서 다문화사역팀이 결성됐다. 그리고 손윤선 집사님을 중심으로 그들의 자녀들을 섬기는 다문화자녀팀이 만들어졌다.

서빙고온누리교회에 출석하시는 권사님과 집사님 몇 분도 참여하셔서 토요일마다 풍성한 은혜를 나누며 예배를 드리게 되었다. 한식 음식 만들기, 종이접기, 한국어 수업을 비롯해서 다양한 활동들이 이어져갔다. 포크댄스, 탭댄스와 북춤에 이르기까지 다양한 활동들이 이어졌고 나중에는 바리스타 교육을 하여 몇 사람의 베트남 자매들은 자격증도 취득했다. 베트남 자매들의 자녀들은 한글공부, 도자기 굽기, 미술치료 등을 비롯하여 다양한 활동들을 하였다.

교회 내에 몇 사람들이 다문화자매들보다 사역자들이 더 많다는 소문이 돌고 있다고 어느 분이 얘기해 준다. 아니 사역자들이 많으면 좋은 것이고 그만큼 다문화에 대한 열정과 비전을 가지고 섬기는 분들이 많으면 좋은 것이지 무엇이 문제인지 모르겠다고 얘기를 하고 이미지 쇄신을 해야겠다고 생각했다.

마침 구리종합사회복지관에서 바자회를 한다는 정보가 입수됐다. 담당 부장님을 만났다. 저희와 함께 공동으로 주최하시죠. 저희가 다양한 음식을 준비해서 세계음식축제라고 홍보하시고 베트남 음식, 인도와 네팔 음식을 준비해서 판매하고 수익금을 기증하겠습니다. 그리고 대규모로 재고의류판매를 하시는 분에게 의류기증을 받아서 판매한 전액도 기부하겠습니다. 행사일이 정해졌다. 해리를 비롯한 인도 형제들이 카레 두 종류와 로띠를 전날부터 준비하고 베트남 자매들과 사역자들이 베트남 쌀국수와 월남 쌈을 준비했다.

곤지암에서 재고의류를 판매하는 사장님이 봉고차로 하나 가득 각종 의류를 기증해 주셨다. 성황리에 바자회가 종료됐다. 바자회에 참석했던 구리시민들은 처음 먹어보는 인도 음식에 호기심으로 참여했고 베트남 음식에 매료됐다. 조기에 준비한 모든 음식이 품절 됐다.

내친김에 얼마 되지 않아서 인도 형제들이 교회에서 인도의 날 행사를 가졌다. 인도카레를 해서 주일 날 염가로 로띠와 함께 팔았다. 이후 수 차에 걸쳐서 네팔의 날을 했다.

또한 베트남 자매들이 예배시간에 포크댄스를 추고 북춤을 추었다. 교회 분위기가 바뀌어 갔다. 이번에는 베트남의 날 행사를 하고 쌀국수와 월남 쌈 잔치를 했다. 사역팀 위주의 활동들이 마치 복음이 마가도냐와 아가야로 퍼져 나가듯이 모든 교회 구성원에게 퍼져 나갔다. 이제 이주민선교와 다문화사역은 남양주의 대표적인 선교사역으로 자리매김해 나갔다. 2004년 몇 사람이 모여 시작한 사역들이 역대 담당목사님들이 바뀌면서도 유지 발전됐던 것은 선교에 대한 확고한 후원과 지지 때문이었다. 선교적 교회가 돼가는 것이다. 모든 분들께 감사를 드린다.

이름 없이 빛도 없이

이러므로 내가 그리스도 안에서 아주 담대하게
네게 마땅한 일로 명할 수도 있으나
(몬1:8)

사도 바울은 빌레몬의 노예로 물건을 훔쳐 도망쳐 나왔
지만 그의 신실한 믿음의 아들로 변화된 오네시모를 빌레몬
에게 돌려보내며 부탁하는 서신을 썼다. 비록 로마 감옥에
서 주님을 위하여 갇힌 자로서 이 편지를 썼지만 오네시모
가 주님을 위하여 자유롭게 주님을 증거하라는 마음에서 서
신을 썼을 것이다. 그리고 빌레몬이 자발적인 의사와 판단
으로 그를 용서하고 동역하기를 바라는 강한 의지가 묻어나
는 당부의 서신이다.

외국인 근로자 사역을 시작했을 때 한 사람도 강권적인 권유에 의해서 참여한 사람이 없었다. 스스로 기쁨으로 기꺼이 동역자가 되었다. 이름도 없이 빛도 없이 일주일에 한 번씩 미리 모여 기도하며 맡은 바 임무에 충실히 자리를 지켜주었다. 더운 여름날에도 땀을 뻘뻘 흘리며 카레를 만들고 로띠를 굽고 구불구불한 뚝방길을 돌아다니며 이곳저곳 비닐하우스 안에 있는 숙소를 찾아다니면서 픽업을 해오고 매월 한 달에 한 번씩 의료진들이 올 때면 칸막이를 해서 각 과마다 진료를 돕고 안내와 통역으로 섬기는 모습에서 우리는 작은 예수를 보았다. 의료진으로 섬기는 의사, 간호사, 약사들의 헌신도 잊을 수 없다. 그들의 땀과 눈물의 기도가 나그네와 같은 많은 외국인들의 마음을 열게 했고 그리스도의 사랑을 체험하는 계기가 됐다.

"너희는 나그네를 사랑하라 전에 너희도 애굽 땅에서 나그네 되었음이니라"(신10:19). 우리는 모일 때마다 이 말씀으로 기도했다. 우리도 언젠가는 우리의 본향인 천국으로 돌아갈 나그네 같은 인생이요 이 땅에 나그네로 와있는 이 주민들을 섬기며 그들을 주님께 인도하는 거룩한 사명을 이루기 위해 우리에게 주신 푯대를 향해 달려가기 때문이다.

많은 선교사 분들이 해외 선교지로 갈 때 기도제목은 "건너와서 우리를 도우라"(행16:9)이다. 당연히 맞는 말이다. 그러나 나는 더 알맞은 성경 구절은 "함께 가라 내가 그들을 보내었느니라"(행10:20)라는 말씀이 아닐까 생각한다. 사도행전에는 '와서'라는 단어가 모두 36번 나온다. 그런데 '함께'라는 단어는 모두 68번이나 나온다. 창세기에는 109번이, 사무엘상에는 71번이, 그리고 누가복음에 66번이 나온다. 하나님께서는 우리가 합력하여 선을 이루며 동역하는 것을 원하신다.

내가 엠센터에서 사역하는 분들의 명칭이 '자원봉사자(helper)'라는 것을 듣고 몇 번이나 명칭을 변경하는 것이 좋겠다고 건의한 적이 있다. '자원'은 좋은데 '봉사자'라는 단어는 거북했기 때문이다. 선교는 봉사가 아니다. 우리에게 주어진 사명이다. 그래서 '동역자'로 명칭을 변경하는 좋겠다고 한 적이 있다. 선교는 어떤 형태로 참여하든지 모두 동역자이다. 무릎기도 동역자, 재정후원 동역자, 현장사역 동역자들이다. 선교는 선교사들만이 하는 것이 아니고 합력하여 하는 것이다. 작년 10월에 TIM 30주년을 맞이하여 'ㅅㄱ'으로 표기하고 선교, 섬김, 살길로 설명한 각종 브로슈어가 있었다. ㅅㄱ은 수고, 산고, 상급, 성경, 시기, 소금, 생기, 순교 등 너무나도 많은 의미를 지니고 있다.

온누리교회의 선교전략은 융합선교이고 촉매선교이다. 얼마 전에 통일위원회의 통일선교팀을 담당하고 계신 노치형목사님은 탈북민 선교도 이제는 다문화, 차세대, 중국어예배 등 모든 사역과 선교 부서가 총체적으로 협력해야 한다고 하셨다. 백번 맞는 말씀이다. 부서에 상관없는 접근이 필요하다. 나는 이것을 Cross-over 선교라고 하고 싶다. 이제는 내 사역, 내 부서를 따질 것이 아니라. 모든 것이 융합되어야 한다.

남양주온누리교회에서는 이번 여름에 멀리 전남 해남에 있는 시등교회로 국내 아웃리치를 준비하고 있다. 그곳에 베트남에서 결혼이주민으로 온 분들과 해외에서 온 근로자들이 많이 살고 있다. 시등교회 목사님을 비롯한 장로님들의 이주민선교에 대한 열정이 대단하다. 지난번 답사 가서 이미 50%는 성공했다고 말씀드렸다. 남양주교회의 다문화

사역팀과 전도팀 그리고 사회선교팀이 공동체와 협력하여 아웃리치팀을 결성할 예정이다. 그야말로 cross-over team 이다. 여기에 의료와 예배팀까지 참여하고 향후 격지 간에 온라인을 활용한 베트남어 예배까지 개설한다면 그야말로 촉매선교까지 완성되는 것이다. 이번 여름에는 융합선교, 촉매선교, cross-over 선교가 되기를 기대하고 있다.

2004년부터 본격적으로 시작된 온누리미션사역은 성도들의 자발적인 참여에 의해 이루어졌다. 누구의 지시나 명령이나 교회의 계획에 의한 것이 아닌 순수하게 선교를 하고자 하는 열정으로 자원하는 마음으로 이어져왔다. 일일이 이름을 나열하기 어렵지만 수많은 동역자들이 있었기에 복음의 불모지인 인도, 네팔, 베트남과 수많은 열방에 그리고 탈북민에 이르기까지 그리스도의 십자가 사랑을 전했던 그리고 지금도 전하고 있는 예수님의 제자들에게 큰 박수를 보낸다. 해리와 같은 한 사람이 변하면 가족이 가문이 그리고 지역이 구원받는 놀라운 역사가 쓰여 지고 있는 것을 우리가 목도할 수 있기 때문이다.

나그네들의 길 위를 걷고 계신 예수님

(온누리신문 게재)

스탠리 존스 선교사가 쓴 '인도의 길을 걷고 있는 예수'라는 책을 보면 인도에는 아주 아름다운 결혼풍습이 있는데 신부의 여자 친구들이 음악소리에 맞춰 신부를 신랑 있는 곳으로 안내하고 그들의 역할을 끝낸다는 것이다.

남양주 캠퍼스에서 이곳에 와 있는 인도와 네팔인들을 위한 힌두권 선교를 시작한지 14년이 돼간다. 처음에는 인도인들을 대상으로 복음을 전하다가 이후 네팔로 확대하였다. 1년간 나름대로 섬기기 위한 준비를 하면서 선교사님들을 초청해서 문화도 배우며 이해하고 대체의학을 배우고 기도하며 사역자들을 모집하고 드디어 교회창립을 계기로 비닐하우스를 방문해서 한사람 한사람 교회로 데려오기 시작했다. 그들의 대부분이 채식주의자임에도 불구하고 소고기만 안 먹는 줄 알고 매 주 삼겹살을 구워줬던 시행착오도 많았다. 고기를 안 먹으면 소고기로 만든 라면을 끓여주며 족욕과 발 마사지를 통해서 마음을 얻어가고 인도에서 요리사를 했던 친구로부터 인도 카레와 로띠 만드는 방법을 배우면서 매주 기쁨으로 섬겼다. 사역자들이 매월 얼마씩 회비를 내고 내외부에서 플로잉 받고 사역자의 친구 되는 불교신자는 좋은 일 한다고 매월 얼마씩 헌금도 해 주었다.

이후 다문화 가정과 자녀들에게 관심이 있는 지체들이 베트남, 캄보디아, 중국, 필리핀에서 온 결혼이주 자매들과 그들의 자녀들을 교회에 초대해서 요리와 미술과 각종 프로그램으로 섬기면서 예배를 드리기 시작했다. 7년 전 부터는 북한에서 온 북향민(탈북민)들을 섬기기 위해서 하나원에 가서 예배를 함께 드리며 이미용으로 섬기기 시작했다.

이제는 남양주의 중요한 선교사역으로 자리매김해서 매주 토요일이면 구리시의 다문화 지역아동센터들과 협력하며 9개 교실을 개설해서 탁구, 댄스, 악기 및 각종 학과목으로 70여 명의 다문화 자매와 자녀들이 교회에 오고 있다. 이를 계기로 그들이 예수님을 알아가는 소중한 접촉점이 되기를 기대한다.

또한 매주 토요일 저녁 7시부터는 인도와 네팔에서 온 40~50여명의 형제자매들이 예배를 드리고 있다. 힌디어 예배와 네팔어 예배를 통하여 많은 열매가 맺혀지고 있다. 이번 부활절 예배에서는 두 명의 형제자매들이 일대일 동반자 과정을 이수하고 수료식을 가졌다. 1다락방1사역을 통하여 매주 음식으로, 운전으로 섬기는 지체들의 모습이 아름답다. 또한 의료사역으로 섬기는 내외부 의료팀의 손길을 통하여 그들의 육신의 아픔을 치료할 뿐 아니라 예수그리스도의 사랑을 전하는 귀한 치유와 회복의 시간이 되고 있다. "땅 끝까지 이르러 내 증인이 되리라"(행1:8). "너를 이방의 빛으로 삼아 너로 땅 끝까지 구원하게 하리라"(행13:47). 땅 끝은 우리가 서 있는 바로 이곳이다. 그곳은 이스라엘에서 시작된 복음이 서쪽으로 전파돼 지구를 한 바퀴 돌아 바로 옆에 있는 무슬림권이 될 수도 있다. 우리 인근의 일본, 중국 그리고 북한 땅이 바로 땅 끝이 될 수도 있다.

예수님은 인도의 길도 걷고 계실 뿐만 아니라 인도와 네팔과 열방에서 이곳에 와 일하고 있는 모든 이들의 농장에도 공장에도 걷고 계신다. "너희는 나그네를 사랑하라 전에 너희도 애굽 땅에서 나그네 되었음이니라"(신1:19). 우리의 인생이 순례자이고 나그네이다. 본래 있었던 고향에 돌아가기 위한 여정이다. 여러 가지 이유로 이곳에 와 있는 나그네들이 복음을 듣고 본국에 돌아간다면 그들을 통하여 그들의 집이 구원을 얻게 될 것이다. "주 예수를 믿으라 그리하면 너와 네 집이 구원을 받으리라"(행16:31).

최근에 인도로 돌아간 형제는 그를 통하여 온 가족이 예수를 믿고 교회를 나간다는 소식을 전해왔다. 인도의 아름다운 결혼 풍습의 신부 친구처럼 신랑 되신 예수님께 이곳에 와 있는 나그네들을 예수님의 마음으로 사랑하며 인도하는 구원의 통로, 축복의 통로가 되기를 다시 한번 굳게 다짐한다.

땅 끝이라고 하시네

내가 예수그리스도의 심장으로
너희 무리를 얼마나 사모하는지 하나님이
내 증인이시니라 (빌1:8)

2004년도 11월 첫 주일날 남양주온누리교회가 창립예배를 드리기 전 1년 동안 기도처에서 새벽마다 새벽기도가 있었다. 당시 공동체 담당목사님은 이재훈목사님이셨다. 고 하용조 담임목사님의 비서실장으로서 참으로 바쁜 일상을 보내고 계셨다. 부천온누리교회의 창립을 위해서 동분서주하시다가 마무리하시고 하목사님께 외곽 변두리 공동체를 맡겠다고 하시고 오신 곳이 구리남양주 공동체였다. 웬만한 것은 공동체 총무에게 일임하시고 참 바쁘게 다니셨다. 당시 네비게이션이 없던 시절에 전화를 하셔서 지금 어디를 가야하는데 안내를 부탁한다고 하시면 전화로 현재 위치를 여쭙고 안내한 적도 많다. 그래도 새벽마다 기도 인도를 위해 오셨다. 당시 총무를 맡고 있던 나에게 남양주에 비전교회가 세워져야 하는 기안서를 작성해 보라고 하신다. 아니 신앙생활 3년밖에 안된 나에게 그런 일은 버겁다고 했더니 "집사님, 예수님의 제자들도 3년 동안 예수님을 따라다니다가 사도들이 됐습니다. 3년이면 충분합니다. 우리가 말씀을 몰라서 신앙생활을 못하는 것이 아니고 내 안에 있는 말씀이 살아서 움직이지 못하지 때문에 신앙생활을 잘 못하고 있는 것입니다"라고 하신다. "알았습니다" 대답하고 구리남양주에 대해서 조사를 했다. 참으로 이단들이 많은 지역이었다. 통일교, 신천지, 신앙촌, 굿당도 많고 수많은 이단들이 도처에 있었다.

구리남양주 지역에 비전교회가 설립돼야 하는 이유는 첫째로 이곳은 선교지이기 때문입니다. 특히 많은 외국인 근로자들이 비닐하우스와 공장에 있어서 이주민선교를 해야 되기 때문입니다. 그리고 둘째로 구리남양주 지역은 서빙고

와 가깝습니다. 이곳에 교회가 세워지면 서빙고 교회의 분산을 가져올 수 있습니다. 셋째, 차세대 아이들이 많은 지역입니다. 차세대 전도와 양육의 중심지가 되어야 합니다. 그리고 몇 가지를 더 추가했던 것 같다. 최종 보고서를 어떻게 작성해서 하 목사님께 보고하셨는지는 모른다. 다만 이 일을 통해서 신앙생활의 연륜이 꼭 신앙의 성숙을 뜻하는 것이 아니라는 것을 이후 몇 가지 사건으로 알게 됐지만 많은 것을 느끼게 한 때였다. 남양주온누리의 이주민 선교에 지대한 영향을 끼친 몇 분이 더 계셨다.

고 하용조목사님

내가 온누리교회에 처음으로 예배를 드리기 시작한 주일날은 마침 요한복음 강해설교가 시작된 날이었다. "태초에 말씀이 계시니라 이 말씀이 하나님과 함께 계셨으니 이 말씀은 곧 하나님이시니라"로 시작되는 요한복음 말씀을 듣고 있으니 창세기 말씀을 듣는 것 같아서 어떻게 천지가 창조됐는지 예수님이 누구신지 확실히 영의 눈이 환해지면서 무언가 가슴 속에 이해되지 못했던 것들이 한 순간에 해결되면서 뜨거워지는 것을 느꼈다. 그리고 ACTS29의 비전이 선포될 때 나도 내가 서있는 곳에서 사도행전 29장의 한 페이지를 써보겠노라고 다짐했던 것이 구리남양주에서 이주민선교를 시작하게 된 계기가 됐다.

이후 서빙고에서 이주민선교학교 1기를 수료하는 중에 꿈을 꾸었는데 목동에 살면서 서빙고 예배를 드리시는 어느 집사님이 열심히 남양주 다문화팀을 섬기셨는데 어느 날부터 집도 멀고 사역에 대한 열정도 식어서 다문화사역을 내려 놓겠다는 생각을 하셨다. 서빙고 수요여성예배를 조금 늦게 가셨는데 본당에 들어가자마자 목사님께서 마태복음 6장33절의 "너희는 먼저 그의 나라와 그의 의를 구하라 그리하면 이 모든 것을 너희에게 더하시리라"는 말씀을 하셨다.

집사님은 깜짝 놀라서 주님께서 그에게 하시는 말씀으로 받아들이고 다음날 목요일 저녁에 나에게 오셔서 말해주었다. 그런데 나는 수요일 밤에 꿈을 꾸기를 어느 추운 겨울날 수로에 얼음이 단단히 얼어있었는데 내가 그것을 큰 도끼로 깨고 있었다. 저쪽에 하목사님과 그 집사님이 서 있었는데 하목사님이 나를 부르셨다. 이쪽으로 와서 여기 함께 있는 집사님을 위로하자는 것이었다. 내가 잠깐만 기다리시면 조금 남은 얼음을 마저 깨고 가겠다고 하고 얼음을 다 깬 후에 그쪽으로 가서 목사님과 함께 안수하며 기도를 했다.

다음날 저녁에 집사님의 말씀을 듣고 나서 나도 어제 밤에 이런 꿈을 꾸었다고 하니까 둘이 너무 놀란 적이 있었다. 집사님은 집이 먼데도 불구하고 계속해서 다문화를 잘 섬겨 주셨다. 또 어느 날은 꿈을 꾸었는데 수많은 섬들이 보이는 넓은 광장에서 테이블을 놓고 하목사님과 내가 마주앉아 대화를 나누고 있었다. 광장에서 대규모 집회가 있을 예정이 었는데 수없이 들어오는 관광버스의 주차안내를 열심히 하는 어느 집사님의 모습이 보였다. 결국 인도를 향한 선교의 비전을 가지고 그분은 선교사로 헌신하셨다.

하목사님과 개인적으로 길게 대화를 나눈 적은 없으나 기도처시절에 CGNTV중계를 위해 오셨을 때 작은 엘리베이터를 타고 5층으로 올라가는 중에 "축복합니다 축복합니다"로 웃으시면서 말씀하셨던 모습이 눈에 선하다. 그렇게 선교에 대한 강한 마음을 나에게 심어주신 분은 하목사님이시다. 지금도 천국에서 온누리교회를 향하여 선교의 사명을 다하도록 중보하고 계실 것이다.

고 피현희목사님

생각할수록 참 마음이 아리고 안타까운 분이다. 지금도 살아계시면 어느 곳이든지 예수님의 심장으로 누구보다도 열정적으로 목회와 선교를 하고 계실 분인데 너무 일찍 하늘나라에서 불러 가셨다. 남양주 이주민선교팀의 이름은 처음에는 외노팀(외국인 노동자 선교팀)이었다. 정식 교회 사역팀으로 인정을 받으면서 피목사님께서 온누리미션팀으로 이름을 명명하셨다. 큰 금액은 아니지만 예산도 배정 받고 나름대로 연간계획도 세워서 체계를 갖추고 사역에 임했다.

계속해서 아신 학생들이 저녁마다 참여해서 교제를 나누고 있었는데 어느 날 중보기도 시간에 기도제목을 공유하기로 했다. 두 세 사람이 학비부족과 책값이 없다고 기도를 내놓았다. 책값은 도와줄 수 있는데 학비는 제법 큰 돈이었다. 피목사님께서 쾌척하셔서 모든 기도제목이 응답되었다. 그런데 시간이 지나감에 따라 모든 학생들의 기도제목이 동일하게 학비와 책값 부족이 기도제목으로 변해가고 있었다. 감당할 수준이 아니었다.

학교에 알아보니까 대부분 사역지가 있어서 학비는 문제

가 없었음에도 불구하고 옆의 동료학생이 학비와 책값을 받는 것을 보고 모두 기도 제목으로 내 놓은 것이었다. 마침 인도 네팔인들의 숫자가 많이 증가해서 그들의 픽업이 2차에 걸쳐 필요하게 되었으나 회의를 통해서 더 이상 아신에 픽업을 안 하기로 했다. 다만 개인적으로 오는 사람들은 환영하기로 했다. 피목사님은 긍휼의 마음이 많으신 분이었다. 많은 사람들이 선교나 전도에 달란트가 없어서 못 하겠다고 한다. 그러나 그것은 이유의 하나이고 내가 생각하는 것은 긍휼의 마음이 없어서이다.

어떤 분은 재정이 없어서라고 하시는 분도 있고 시간이 없다고 하시는 분도 있다. 특히 재정을 매우 중요하게 여기시는 분도 있다. 어느 해인가 10월에 모든 예산을 소진했다. 회비를 내서 충당하기로 했다. 그런데 손윤선집사님이 서빙고 '사랑의 줄잇기 본부'에 요청하자고 한다. 요청서를 보냈다. 승인이 났다고 하면서 300만원을 보내주셨다. 그 다음 해에도 또 도와주셨다. 참으로 감사했다.

피목사님은 참으로 긍휼이 많으신 분이었다. 늘 사랑으로 외국인 근로자들과 다문화 자매들을 대하셨다. 나에게는 만날 때마다 "더 낮아지세요, 매일 죽어야 한다"고 하시면서 겸손을 요구하셨다. 그리고 신학공부를 당부하셨다. 선교사로 나가려면 목회자 자격이 있어야 한다는 것이다. 그때마다 지금 선교사역 하기도 바쁜데 언제 공부할 시간이 있느냐고 이유를 댔다. 덕소에 있는 집에 사역자들과 방문하면 언제나 반갑게 맞이해 주시면서 음식을 대접해 주셨다. 암 투병 중에도 세브란스 병실에서도 특유의 환한 모습을 천국에서 다시 만날 때까지 잊지 못할 것이다.

"우리는 예수그리스도의 터 위에 건축물을 세우는데 어떤 이는 금으로, 은으로, 보석으로, 나무나 풀이나 짚으로 세울 것이다. 이를 태우면 공적이 나타나는데 그대로 남아 있으면 상을 받고, 공적이 불타면 해를 받으리니 자신은 구원을 받되 불 가운데서 받은 것과 같으리라"(고전3:10~15)고 하신다. 2013년 장로 장립을 받을 때 100자 이내로 소감문을 제출해서 온누리신문에 실린 적이 있었다. 나는 조그만 조약돌이라도 남으면 좋겠다고 글을 썼던 것 같다. 천국에서 피목사님을 다시 만날 때 부끄럽지 않은 삶을 살다가 가야 하는데 아직도 가야할 길이 멀다.

고 윤지준장로님

윤장로님은 태국에서 대사를 하시다가 양평으로 이사를 오시면서 남양주온누리교회에 출석하시게 된 분이시다. 서빙고는 멀어서 가까운 구리로 오시게 되었다. 대학 학과 동기들 몇 명의 대사들이 있어서 친근하게 교제를 나누게 되었다. 온누리미션에 오셔서 말씀도 나누고 인도, 네팔 친구들에게 말씀도 전해 주시면 어떻겠냐고 했더니 쾌히 승낙하신다. 오셔서 함께 카레도 먹고 자연스럽게 어울리며 말씀도 전하셨다. 인도, 네팔 형제들도 대사를 하신 분이라고 했더니 경청하며 좋은 분위기가 만들어져 갔다.

어느 날 윤장로님이 나에게 형제들이 합법적으로 한국에서 일하고 있는지를 물으셨다. 내가 대부분은 관광비자로 와서 불법적으로 체류하면서 농장이나 공장에서 일하고 있다고 하니까 갑자기 화를 내시면서 아니 불법 체류자들을 교회에 불러서 선교를 하면 어떻게 하느냐고 말씀하신다. 순간 당황했다. 조용히 다른 곳으로 모시고 가서 설명을 드렸다. 현행 여권법으로는 합법과 불법으로 구분하지만 복음전파에는 오직 주 안에서 한 형제자매로 살아가느냐가 중요합니다. 저들이 본국에 있을 때는 복음을 듣는 것조차 어렵고 설사 선교사들이 있다 하더라도 선교자체를 하는 것도 어렵고 선교를 하다가 추방당하는 것이 다반사인데 여기 한국에 돈 벌러 왔다가 복음을 들어서 주님의 자녀가 되고 제자가 될 수 있다면 우리에게 얼마나 큰 기회이고 저들에게도 큰 축복입니다. 하나님 나라는 합법과 불법이 있을 수 없습니다. 이후에도 몇 번 더 말씀을 나누고 나서야 불법 이야기를 하지 않으셨다.

얼마 안 있다가 JDS(예수제자학교) 과정이 남양주에 개설되고 윤장로님은 학생으로서 긴 시간을 양육 받으셨다. JDS를 수료하시고 난 후에 윤장로님께서 많이 변하셨다. 영적회복과 선교에 대한 열정으로 가득차셨다. 이 무렵에 담당목사님이 나를 부르시더니 온누리미션을 내려놓는 것이 어떠냐고 하신다. 계속해서 총무를 맡았던 대학 후배가 신대원에서 전도사가 돼 온누리미션 담당 목회자가 됐는데 선배가 팀장으로 섬기는 것도 불편할 것이라는 이유였다. 이때가 2009년도 말이었다. 기도해 보겠다고 대답하고 나왔다. 기도하는데 자꾸 북한에 대한 생각을 주신다. 교회에 와서 몇 분의 집사님들과 나누다 보니 김미성 집사님도 동일한 생각을 주셨다고 한다. 함께 기도모임을 만들어 보기로 했다. 몇 분이 더 참가를 했다. 2010년이 됐다.

단동 온누리교회를 담당하셨던 백상욱목사님이 새로이 남양주에 부임해 오셨다. 그렇게 탈북민 사역을 위한 공동체가 만들어졌다. 윤장로님께 탈북민 사역을 함께 하시면 어떻겠냐고 말씀드렸더니 쾌히 응답하셨다. 태국 대사로 있을 때 탈북민들이 태국으로 오면 탈북민 수용소를 자주 방문해서 그들을 섬기고 한국으로 보내는 일체의 업무를 대사관에서 담당하셨다고 하시면서 매우 기뻐하셨다.

이후에 2차에 걸쳐 남양주에 북한선교학교를 개설하고 지금은 사회선교본부 소속 한누리통합팀의 일원인 북사랑공동체와 행복한 하나예배로 30여 명의 탈북민들과 10여 명의 사역자들로 구성된 탈북민 공동체가 매 주일 만나고 있는데 그 초석을 다지신 분이셨다. 몇 년 후에 양지로 이사를 가셔서 선교센터를 열심히 섬기시다가 서빙고로 이사 가셔서 소천하실 때까지 통일선교를 위해 동분서주하셨던 참 귀한 분이셨다. 수 년 동안 대안학교인 우리들학교를 섬기시고 탈북민들과 함께 격의 없이 나눔과 교제를 가지셨던 모습을 더 이상 볼 수 없지만 천국에서도 남북한의 복음통일을 위해 기도하고 계실 것이다.

벤자민목사

사역의 거의 초반기부터 동역했던 벤자민목사는 남양주 온누리의 역사다. 네팔인으로 힌디어를 잘했기 때문에 인도 형제들을 섬기는데 문제가 없었고 후에 네팔어 예배까지도 섬길 수 있었다. 외국 선교사님을 만나 인도의 마니푸르라는 곳으로 유학을 갈 수 있었고 그곳에서 몽골족을 닮은 아내를 만나 카트만두에 가정을 갖고 아들과 딸을 두고 있는 목회자였다.

카트만두에 한국인 선교사님이 설립한 신학교에서 부학장으로 섬기다가 아신에 ThM 학위를 받기 위해 공부하러 왔다가 온누리미션과 연결이 되었다. 아신에도 몇 명의 인도인들이 있었지만 사역지들이 있어서 벤자민과 동역하게 되었다. 사실 인도인들은 네팔인들을 2등국가 사람으로 취급한다. 네팔은 바다가 없어서 모든 물자가 인도에서 네팔로 들어가지 않으면 하늘 길로 들어가야 하는데 한계가 있다. 그러다 보니 알게 모르게 인도가 경제, 통상, 국방과 어느 때는 내정과 외교까지 간섭한다. 종교적인 분야까지 관여해서 상호 간에 불편한 관계를 야기할 때도 있다.

인도와 연결된 네팔의 도로는 그래서 물자를 수송하는 인도에서 만든 트럭 행렬로 언제나 붐빈다. 왕복 2차선에서 앞서가는 트럭을 위험스럽게 추월하는 것이 목적지에 빨리 가는 방법이다. 아무튼 벤자민은 네팔 동부의 산악지역에서 태어나서 살다가 선교사님을 만나 인도로 한국으로 유학을 온 참 복 받은 친구였다. 처음에는 인도 형제들만 힌디어로 예배를 드리다가 네팔 형제자매들로 지경이 넓어졌다. 함께 힌디어로 예배를 드렸다. 연말 크리스마스 파티를 할 때면 노래와 춤 경연대회를 인도와 네팔로 나누어서 진행하고 한글 경연대회도 했다.

네팔인들은 대부분 힌디어를 한다. 그러나 인도인들은 네팔어를 잘 못했다. 그 대신 몇 명의 인도인들은 힌디어, 펀잡어, 영어까지 한국어를 제외하고도 3개 정도는 기본으로 구사했다. 크리스마스 때는 친구들을 데리고 오라고 하면 거의 100여 명이 모였다. 인도, 네팔 음식을 가득차려 놓고 파티를 했다. 물론 복음을 전하는 시간이 있었다.

식사가 끝나면 인도인들은 특유의 전통음악을 틀어놓고 전통춤을 즐겼다. 두 팔을 뻗어서 장단과 가락에 맞춰 추는 한국의 춤사위와 비슷했지만 템포는 무척 빠른 춤이었다. 몇 사람이 빙 둘러서 쿵쿵거리며 추는 춤은 신나는 음악에 맞춰 율동이 파도치는 것처럼 박수소리가 저절로 나오는 흥겨운 동작이었다. 그리고 이 춤은 '인도의 날' 예배시간에 모든 성도들에게도 보여주었다.

그렇게 2년 정도가 흘렀을 때 안산 엠 센터에서 엠 선교사를 남양주로 파견했다. 윤정노선교사였는데 인도 뉴델리에서 오랫동안 TIM선교사로 활동했던 선교사였다. 힌디어도 능통해서 힌디어예배와 네팔어예배를 분리하기로 했다. 벤자민은 네팔어예배를 맡기로 하고 네팔인들만을 전적으로 섬기게 되었다. 네팔인들이 거주하고 있던 숙소에 자주 심방을 가게 되고 많은 네팔인들이 세례를 받게 되었다. 그런데 얼마 안 있다가 네팔에 큰 지진이 일어났다. 교회에 출석하는 네팔 형제자매들의 집이 무너지고 벤자민도 임차로 살고 있는 집이 무너져서 이사를 가야하고 무엇보다도 섬기던 교회건물이 무너져서 예배를 드리지 못하는 지경에 이르렀다. 참으로 딱한 상황이 많은 네팔인들에게 닥쳤다.

사역자들이 모금을 했지만 크게 도움이 되지 못했다. 그때까지 네팔이나 인도에 교회를 설립하자고 모아놓은 기금이 있었는데 우선적으로 구호기금으로 사용하기로 했다. 모금한 재정과 교회건립기금을 합쳐서 15명 정도에게 일인당 50~ 100만원씩을 도와주었다. 비록 교회건립의 꿈은 미루어졌지만 지진의 아픔을 나누는 값진 시간이었다.

한편 윤정노선교사는 양재온누리에 아는 분들에게 무너진 교회가 다시 세워지기를 위해 기도를 부탁하였다. 놀라운 일이 일어났다. 교회 부지를 사고 새롭게 건물을 지을 정도의 큰 기금이 모인 것이다. 무너진 교회는 임차로 들어가서 예배를 드리던 공간이었지만 새롭게 지어질 교회는 교회재단 소유의 건물이 될 것이다. 2018년에 거의 교회건축이 완공될 무렵 안광국 목사님을 비롯한 17명은 인도와 네팔로 아웃리치를 가서 교회 2층에 둘러앉아서 기도를 드렸다. 이 교회는 네팔인들의 구원의 방주뿐만 아니라 새로운 신학교를 태동시키는 산실이 되었다.

벤자민은 ThM 과정을 끝내고 PhD 과정을 시작하게 됐다. 어느 날 동기장로 한 분이 새롭게 출시하는 아이스크림이 있는데 사역에 필요한 사람은 얘기하라고 해서 몇 개나 줄 수 있냐고 했더니 마음껏 신청하라고 한다. 1만개를 달라고 했더니 가져가라고 한다. 마침 수입육을 취급하는 집사님에게 냉동창고 공간이 있느냐고 했더니 보관해 주겠다고 한다. 1만개를 가져다가 7,000개를 아신의 전교생들에게 분배하라고 배달해 주었다. 나머지는 남양주의 차세대와 모든 선교팀에 골고루 나눠줬다. 나중에 벤자민에게 물어봤더니 자기는 10개를 먹었다고 한다. 분배하는 날이 목요일이었는데 학부 학생들이 많이 오지 않아서 외국인 학생들은 자기처럼 10개씩 먹었다고 한다. 아신의 헬라어 교수님이 우리 교회에 출석하고 계셨는데 고맙다는 인사는 교수님이 다 받으셨다고 하면서 귀한 선물이었다고 말씀하셨다.

얼마 후에 엠센타를 담당하시는 노규석목사님이 수요예배에 설교차 오셨다가 당시 안광국목사님에게 아신 외국인 학생들을 잘 섬겨달라는 부탁을 하셨다고 하면서 비전헌금으로 바비큐 파티를 하면 좋겠다고 하신다. 온누리미션팀과

권사님들이 섬기기로 하고 삼겹살 40kg과 소고기 20kg을 사고 밥과 국과 김치 그리고 음료수를 잔뜩 준비해갔다.

양평 아신 학생회관 옥상에 바비큐 장비가 3개 있었다. 총장님과 대학원장님 그리고 국제대학원 교수님들, 직원들과 외국인 학생들 100여 명이 함께 했다. 얼마 지나지 않아서 삼겹살이 떨어져 갔다. 삼겹살 40kg이면 평소 120명이 먹을 수 있는 양이었다. 다행히 소고기로 대체하여 거의 남기지 않고 고기를 다 먹었다. 일인당 600g 정도 먹었다. 이후에도 벤자민은 외국인 학생들과 함께 모여 점심식사를 하자고 하면 삼겹살집에 가자고 한다. 그들의 식성과 양을 알기에 삼겹살 파티는 고기 양이 풍족하지 않으면 안 되었다.

벤자민이 박사과정을 끝냈지만 어떤 사유로 학위취득을 못했다. 네팔에 돌아가서 준비를 하겠다고 한다. 거의 10년을 동역했던 벤자민이 네팔에 돌아갔다. 그리고 오기 전에 섬겼던 신학교에 복직했다. 그리고는 거의 일주일마다 카톡과 전화를 해서 네팔을 방문하면 좋겠다고 한다. 자기가 가르친 제자들이 네팔 도처에 있는데 교회를 지어주면 좋겠다고 한다. 마침 함께 기도하는 모임에 망우교회 남가명권사님이 네팔에 교회 하나를 건축했으면 좋겠다고 하신다. 그럼 이번에 아내와 함께 네팔에 가서 후보지를 물색해 보겠다고 했다.

내가 다락방장으로 섬겼던 진접다락방의 결연선교사님도 카트만두에 계신 분이라 차제에 만나고 오면 좋을 것 같았다. 선교사님께 연락드렸더니 몇 가지를 사오라고 부탁하신다. 그렇게 아내와 나는 카트만두행 비행기에 몸을 실고 설레는 마음으로 도착하였다.

다음날부터 카트만두 시내와 근처에 소재한 교회를 다섯 곳 정도 방문했다. 모두 열악한 상황에서도 열심히 목회를 하고 있었다. 첫 번째 교회는 시내에 있는 교회였는데 철근 콘크리트로 1층을 지었는데 성도들을 모두 감당하지 못해 2층을 증축해야 하는 형편이었다. 두 번째 교회는 조금 외곽에 있는 교회였는데 이곳도 공간부족으로 증축을 해야 하는 상황이었다. 그런데 사모님이 많이 아프서서 누워계셨다. 우리 셋은 함께 안수기도하고 치료비로 쓰시라고 얼마를 드렸다. 세 번째도 네 번째도 모두 협소한 공간을 확장해야 하는 딱한 사정들이었다. 다섯 번째 교회는 예배공간이 가정집이었다. 2층 옥상에 교회를 지어서 예배공간으로 사용하면 좋겠다고 한다. 약 15명 정도 나오는 가정교회였다. 이렇게 다섯 곳을 다 보고 다음날 시내에 있는 카페에서 벤자민과 회의를 했다. 나와 아내는 다섯 번째 가정교회에 마음이 간다고 했더니 벤자민이 알았다고 한다. 카페를 나왔다.

골목에서 벤자민이 갑자기 아직 한 곳이 남았다고 한다. 얼마나 걸리는 곳에 소재하고 있냐고 물었더니 카트만두에서 안나푸르나가 있는 포카라로 가다가 중간에 있는 5,000명 정도 살고 있는 소도시인데 1박 2일로 다녀와야 한다는 것이다. 얼마나 떨어졌냐고 물었더니 150km 정도 되는데 하이웨이를 거쳐서 가야한다고 한다. 아니 하이웨이로 가는데 무슨 1박 2일이냐고 했더니 가보면 안다고 한다. 내가 기도하자고 했다. 우리 셋은 길거리에서 기도를 시작했다. 시작하자마자 뇌리에 "땅 끝"이라는 단어가 강하게 스쳐갔다. "그곳이 땅 끝이라고 하시네". "갑시다". 벤자민이 현지 선교사님의 합승용 차량과 함께 현지인 기사까지 구해왔다.

우리는 다음날 아침 일찍 '아푸카이레니'라는 동네를 향해 출발했다. 그리고 하이웨이가 고속도로가 아니고 카트만두의 외곽 동네 이름이라는 사실을 알기에는 얼마 걸리지 않았다. 옛날 대관령 고개 같은 길이 거의 100km 정도 이어졌다. 왕복 2차선의 양쪽에는 검은 매연을 뿜고 달리는 트럭들과 경적소리로 인해 공기가 깨끗하지도 조용하지도 않았다. 네팔 공기가 좋고 조용한 곳으로 기대하고 간다면 아마 히말라야 산 속으로 들어가야 한다.

국토의 80% 이상이 산지라서 평지가 별로 없다. 5,000명만 모여 살아도 중형 도시소리를 듣는다. 우리는 중간에 대나무로 지은 뱀부(Bamboo) 호텔에서 하루를 묵고 아침에 출발했다. 거의 점심시간이 돼서 목적지가 얼마 남지 않은 동네에 네팔 전통식당이 몇 개 보였다. 한 곳에 가서 카레와 몇 가지 음식을 시켰다. 음식을 가리지 않는 우리 부부는 한국에서 숙달 되서 그런지 모든 음식을 가리지 않고 잘 먹었다.

다시 출발해서 30분 만에 목적지에 도착했다. 젊은 목회자가 반갑게 우리를 맞이한다. 아부카이레니의 약간 외곽에 소재한 허름한 창고에 들어갔다. 10평도 안 되는 좁은 공간에 40여 명의 젊은이들이 빈 공간 없이 모여 앉아 예배준비를 하고 있었다. 악기는 세워 놓은 북 하나와 기타가 전부였다. 찬양이 시작됐다. 비록 북과 기타가 전부였지만 악기에 맞춰 부르는 찬송은 천상의 멜로디였다. 말씀선포를 하기 전에 멀리 한국에서 온 손님께서 먼저 이곳에 온 소감과 인사말씀을 하라고 목회자가 소개를 한다. 이런 시간이 있으리라고 생각지 못했는데 천천히 일어나면서 기도를 했다. 주님 무슨 말을 해야 합니까? 두 단어를 주신다. '보릿고개'와 '초대교회'였다. story telling이 필요했다.

벤자민에게 네팔어 통역을 부탁하고 영어로 이야기를 시작했다. 여러분, 대한민국이 60~70년까지도 참 가난한 나라였습니다. 가을에 수확한 쌀이 봄이면 떨어지고 가을에 파종해서 봄에 수확하는 보리는 아직 때가 안돼서 양식이 없는 시절을 보릿고개라고 합니다. 이때에 우리 조상들은 열심히 교회에 나와서 예수님을 믿고 기도했습니다. 그리고 전도와 선교를 열심히 했습니다.

지금의 대한민국은 하나님을 믿는 백성들이 됐기 때문에 축복을 주신 것입니다. 지금 여기에서 예배드리는 모습이 바로 초대교회와 똑같습니다. 열심히 모이시고 예배드리시고 전도와 선교에 앞장서십시오. 여러분을 축복합니다. 다시 만나겠습니다. 대충 이런 메시지였던 것 같다. 아내는 모두 여섯 곳의 교회를 방문하면서 미리 기도하기를 눈물이 나오는 곳이 선택되면 좋겠다고 했는데 마지막 교회의 작은 방에서 젊은이들이 예배드리는 모습을 보고 눈물이 왈칵 쏟아졌다고 한다. 네팔에서 벤자민과의 일정은 이렇게 진행됐다.

이곳에 오기 전에 마침 네팔에 파송받고 카트만두에 대기 중이던 조경근목사님 부부를 만나 집에 초청 받아서 한국음식을 맛있게 먹고, 결연선교사님 가정도 방문해서 음식 대접을 받았다.

한국에 오기 전에 벤자민이 mountain flight를 하지 않겠느냐고 한다. 일인당 200불이 넘는 당시로서는 꽤 비싼 여행 코스였는데 쌍발 비행기를 타고 히말라야 산맥 위를 약 1시간 돌면서 8,000미터가 넘는 여러 봉우리를 멀리 보면서 설명을 듣는 시간이었다. 에베레스트. K2, 안나푸르나 등 하얀 설산들이 저 멀리 보였다. 그리고 바로 밑에는 수많은 높고 낮은 설산들이 파노라마처럼 펼쳐진 그야말로 장관이었다. 창조주 하나님을 찬송하지 않을 수 없는 놀라운 시간이었다. 그렇게 1차 네팔여행은 끝이 나고 한국으로 돌아왔다.

보고서를 만들었다. 방문했던 6개 교회의 위치, 현황, 성도수와 특성을 정리해서 권사님을 만났다. 기도하시고 한 곳을 선택하라고 하였다. 얼마 안 걸려서 바로 여섯 번째 교회를 선택하셨다. 그렇게 아푸카이레니 교회의 바라무목사와의 영적 여정이 시작됐다. 자금계획서와 설계도면을 받고 예배당 건축에 들어갔다. 재정을 아끼기 위해 땅을 파고 돌로 기초를 다지는 일은 교회 청년들이 나서서 작업을 했다. 대지 100평 위에 건평 30평의 반듯한 건물이 들어섰다.

헌당식 날짜가 정해졌다. 망우교회 현판과 기념타월 200장과 기념 볼펜을 준비하고 이번에는 나 혼자 출발했다. 카트만두에 도착해서 벤자민이 가르치는 신학교에 갔더니 헌당예배에 신학생도 10여 명이 동행하면 좋겠다고 한다. 당연히 축하객이 많아야하니 큰 봉고차를 빌렸다. 이번에는 중간에 쉬지 않고 꼭두새벽에 출발해서 오전 11시쯤에 도착했다. 주변에서 10여 명의 현지 목회자들이 축하하기 위해 참석했다. 평소 본당에서 예배를 드릴 때는 의자 없이 앉아서 예배를 드리기 때문에 30평 안에 100여명 이상을 수용할 수 있다. 그날은 플라스틱 의자를 대여해 와서 입추의 여지가 없이 꽉 찼다. 더운 열기에 에어컨도 없이 드리는 헌당예배에 계속해서 땀으로 범벅이 됐다.

축하 메시지 시간이 나에게 주어졌다. 현재는 40명으로 시작하지만 복음의 중심지로서 이 교회를 주님께서 사용하실 것입니다. 5년 이내에 10배로 부흥할 것입니다. 이렇게 축복하고 선포했다. 예배가 끝나고 모두 밖으로 나오니 큰 들통에 카레 몇 종류가 끓고 있었다. 로띠와 함께 삼삼오오 모여 애찬을 즐겼다. 기념타월과 볼펜을 나눠주고 신학생들과 함께 안나푸르나를 보기 위해 포카라로 출발했다. 아푸카이레니는 카트만두와 포카라의 중간쯤에 위치해 있다. 저녁 무렵에 미리 예약한 호텔에 도착했다. 벤자민이 잘 아는 분이 사장이라 시설은 괜찮았지만 요금할인을 많이 해주었다.

새벽에 안나푸르나와 마차푸차레를 볼 수 있는 사랑고트라는 언덕에 올라가기로 했는데 세차게 비가 온다. 벤자민은 이렇게 비가 오면 산을 못 본다고 한다. 나는 볼 수 있다고 했다. 기도하고 올라가보자고 하니까 신학생들도 웃는다. 아무튼 약 20분 정도를 빗속을 뚫고 사랑고트 밑에 도착했다. 비가 그쳤다. 약 20분 정도를 걸어 올라갔다.

갑자기 구름이 걷히면서 하얀 설산 두 개가 눈앞에 나타난다. 장관이었다. 하늘 위에서 보는 히말라야 산들의 모습과는 딴판이었다. 바로 눈앞에서 고도 7,000미터가 되는 마차푸차레와 그 왼쪽에 위치한 안나푸르나를 볼 수 있다니! 안 올라왔으면 크게 후회할 뻔했다. 약 15분 동안을 보고난 후에 다시 구름으로 뒤덮혔다. 조금씩 비가 오기 시작했다. 우리는 서둘러서 내려왔다. 두 산에서 흘러 내려온 물이 모여서 거대한 호수를 형성한 곳에서 한참을 있다가 다시 카트만두를 향하여 출발했다. 그렇게 1박2일의 여정을 마무리했다.

바라무목사는 차세대 전도와 목회에 정말 열정이 많은 분이다. 가끔 연락을 해보면 차세대들을 위한 전도집회에 수시로 참석해서 설교자로 강사로 주변의 많은 지역을 돌아다닌다. 그리고 주변 복음화에도 큰 관심을 갖고 있고 본교회가 계속 부흥해서 빈 터에 교육관을 하나 더 지었다.

지진이 났던 산 속 동네에 지교회를 두 개나 더 개척하고 몇 시간을 오토바이를 타고 가서 설교를 하고 온다. 본교회 건축을 하고 1년이 지났을 때 사진 몇 장을 보내왔다. 산 속에 있는 작은 예배처소였는데 두 평 정도 되는 양철지붕으로 만든 공간에서 20명쯤 되는 교인들이 일부는 앉고 일부는 서서 예배드리는 모습이었다. 이곳에 교회를 건축하려고 하는데 비용이 모자란다는 것이다. 부지는 교인들이 이미 구입을 완료했고 건물비용도 일부 모았는데 많이 모자란다는 것이다. 대지는 약 70평 정도 되었다.

얼마가 부족하냐고 물었더니 20평 정도 지으려고 하는데 500만원이 있으면 된다고 한다. 남권사님에게 사진을 보여드렸다. 바로 시작하라고 하시면서 기왕이면 30평으로 지으라고 하신다. 그래서 필요한 자금의 두 배를 바로 보냈다. 이곳도 많은 청년들이 땀을 흘리며 기초를 놓고 건축을 완성했다. 결산을 하고보니 100여만 원이 남았다고 연락이 왔다. 권사님께 말씀드렸더니 그곳 목회비에 쓰시라고 하신다. 바라무목사가 정말 남은 재정을 사용해도 되느냐고 연락이 왔다. 참으로 양심적으로 재정을 사용하는 목회자였다. 비록 개인적으로 후원하고 교회를 두 개나 세웠지만 망우교회 이름으로 현판을 세웠다.

이후에 망우교회에서는 후원을 아끼지 않고 여름 아웃리치까지 갔다 오셨다. 중간에 후원이 잠깐 중단된 적이 있었지만 금년부터 망우교회 선교부에서 매월 후원을 하기로 하고 본교회를 포함해서 다섯 개로 늘어난 교회가 건강하게 잘 성장하고 있다. 특히 차세대와 청년들이 많이 출석하는 젊은 교회들이다. 현재는 400명 정도 된다고 한다. 선포한 대로 하나님 나라의 지경이 확장되는 것을 눈으로 목도하고 귀로 듣고 있다. 벤자민의 강권함이 영적 열매를 많이 맺고 있는 것이다.

벤자민은 네팔로 돌아간 몇 년 후에 박사학위 논문을 통과하였다. 그리고는 새롭게 신학교를 설립하였다. 작년까지 33명의 신학생이 공부를 하였는데 금년도에 18명이 더 입학하여 모두 51명의 신학생이 공부하고 있다. 금년 6월에는 16명이 첫 졸업식을 한다고 초청장을 보내왔다. 그들 대부분은 졸업 후에 모두 고향이나 복음이 필요한 곳에 가서 교회개척을 할 것이다.

네팔어 성경 등 필요한 것들이 채워지기를 위해 기도해 달라는 요청을 받았다. 몇 달 전에 신학교를 소개하는 신문 기사를 온누리신문에 게재했는데 서빙고에 계신 어느 권사님이 신학교 연간 운영비의 1/4에 해당하는 큰 재정을 보내주셔서 감사의 편지를 보내왔다.

네팔 복음화율이 4%에 육박한다는 통계를 본 적이 있다. 미전도종족의 구분기준인 5%를 넘기면 네팔은 더 이상 복음의 불모지가 아닌 것이다. 네팔에서 선교사의 대명사는 한국인선교사라고 한다. 카트만두에 하나밖에 없는 한인교회는 교파가 돌아가면서 담임목사직을 수행하고 있다. 영적 파워뿐만 아니라 교민사회에서도 큰 영향력이 있다. 기독교인이든 아니든 대사가 부임하면 제일 먼저 인사 오는 곳이 한인교회라고 할 정도로 모범적인 한인사회를 주도하고 있다. 연합과 일치를 몸소 지켜나가는 네팔 선교사님들에게 박수를 보낸다.

기도가 사람을 변화 시킨다고요?

이런 것이 너희에게 있어 흡족한즉 너희로 우리 주
예수그리스도를 알기에 게으르지 않고 열매 없는
자가 되지 않게 하려니와

(벧후1:8)

　　탈북민 사역을 하기 위해 우리가 먼저 한 일은 모여 기
도하는 일이었다. 두 세명이 모이다가 점차로 10여 명이 모
이게 되었다. 남북한 정세를 함께 나누고 탈북민 단체들이
작성한 기도제목을 입수하여 매주 기도모임을 가졌다. 가양
동에 있는 한터에 식사를 준비해서 가기도 하고 대안학교인
우리들학교에 반찬과 밥을 준비해서 가기도 했다. 드디어
안성과 의정부에 있는 하나원에 봉사 갈 기회가 생겼다. 성

인예배와 차세대예배에 가서 함께 예배드리고 이미용 사역을 하였다. 미용실에 근무하는 청년을 섭외해서 가기도 하고 나중에는 압구정동에서 미용실을 운영하는 집사님 한 분이 매월 안성에 함께 봉사를 갔다. 압구정동 미용실 원장님이 오셨다는 말에 70여 명이 줄을 서고 번호표를 나눠주며 순번을 정해서 커트를 해 줬다. 의정부에는 남성들을 위한 이발팀이 봉사를 갔다. 커트하는 시간에 복음을 전하고 남양주로 배정 받으라고 홍보를 했다.

얼마 안 있다가 2명의 자매가 남양주 진접에 온 것을 알고 교회로 초청했다. 이미 하나원에서 세례를 받고 온 자매들이라 우리 부부는 집으로 초청해서 식사도 하고 이모와 이모부가 되기로 하고 시간이 나면 서울 구경도 시켜주고 냉면도 먹으러 다니고 친근해져 갔다.

어느 날 주일 저녁에 해리와 그의 친구들이 공장으로 식사에 초대했다. 양고기 카레와 몇 가지 음식을 준비했으니 북한 자매들과 함께 오라는 것이다. 우리 부부와 북한 자매들이 함께 해리가 근무하는 공장에 갔더니 서너 명의 인도 친구들이 음식을 준비해서 기다리고 있었다. 방바닥에 신문

지를 깔고 그 위에 카레 몇 종류와 로띠를 놓고 맛있게 식사를 하였다. 요리사인 해리가 최선을 다해서 음식을 준비했고 평소에 먹어보지 못하던 양고기 카레를 별미로 즐겼다.

식사 후에 차를 나누며 신앙생활에 대한 이야기를 나누었다. 그곳 공장에 근무하는 인도형제들이 아침마다 함께 하나님께 기도를 한다는 것이다. 기도제목은 인도에 있는 가족들과 이곳에 있는 형제들이 건강하게 일을 하게 해 달라는 기도 외에 공장 사장님을 위해 기도한다는 것이다. 나도 몇번 공장 사장님을 만난 적이 있었지만 참 성질이 고약한 사람이었다. 처음 만났을 때 어디에서 왔느냐고 퉁명스럽게 물어보고 가끔 가면 인사도 받지 않고 만나는 사람들을 무시하는 말투로 대꾸하는 사람이었다. 분체도장을 하는 공장이었는데 각종 기계나 철제 제품에 일종의 분말가루 같은 페인트를 입히는 열악한 환경의 공장이었다. 두꺼운 위생 마스크를 쓰고 일을 해야 하는 공장이었다. 일감이 항상 밀려서 늦게까지 일을 해야 하는 날들도 많았다.

아무튼 그들이 기도하는 제목 중에 빼먹지 않고 하는 기도는 공장 사장님의 성품이 바뀌어서 친절하고 온정이 많고 좋은 사람으로 변화시켜 달라는 기도였다. 북한 자매들의 표정이 약간 냉소적으로 변했다. 그런 기도를 하나님께서 들어주시겠냐고 묻는다. 해리와 그의 친구들이 이구동성으로 대답한다. 기도에 응답받았다고 한다. 어느 때부터인가 사장님이 형제들을 대하는 태도가 달라졌다고 한다. 아침에 일하기 전에 컨디션이 어떠냐고 묻기도 하고 예전에는 다른 공장에서 근무하는 친구들이 놀러 오면 자기네 공장의 전기 값과 밥값 축낸다고 오지 말라고 하더니 요즘에는 친구들이 놀러 오면 잘 놀다 가라고 하면서 반갑게 맞이한다는 것이다.

나도 가만히 생각해 보니까 최근에 이곳에 온 적이 있는데 사장님이 반갑게 인사도 하고 좋은 얘기 나누고 가시라고 말한 적이 있어서 사람이 바뀌었다고 생각했었다. 믿지 못하겠다고 말하는 북한 자매들에게 따지듯이 말하는 인도 형제들을 보면서 이들에게 믿음이 자라고 있음을 느꼈다. 기분 좋은 저녁이었다. 인도 형제들의 믿음의 진보를 확인했을 뿐만 아니라 북한 자매들에게도 살아계셔서 역사하시는 주님을 알게 하는 현장 교육이었다.

아버지 그러시면 안돼요!

주께서 너희를 우리 주 예수그리스도의 날에
책망할 것이 없는 자로 끝까지
견고하게 하시리라 (고전1:8)

암발라에서 온 형제는 이천에 있는 농장으로 일터를 옮겼다. 어느 날 몸이 안 좋아 병원에 가야하니 시외버스 터미널로 데려올 수 없냐고 전화가 왔다. 강변역에 있는 동서울 터미널에 가서 데리고 교회 집사님이 운영하는 병원에 가서 진찰을 받고 약국에서 약을 샀다. 저녁에 동대문에 있는 네팔식당으로 저녁을 먹으로 가지고 한다. 카레를 먹고 싶으면 가끔 가는 곳이라 버터 난과 플레인 난 그리고 치킨 카레와 알루 고비를 시키고 라씨까지 먹고 돌아왔다. 자기는 친구 집에서 자고 내일 버스타고 이천으로 돌아가면 된다고 해서 친구가 있는 농장까지 데려다 주고 집으로 돌아왔다.

며칠 후에 전화가 왔다. 이천 농장으로 돌아가기 위해 터미널에 갔다가 출입국사무소 직원에게 붙잡혀서 목동에 있는 서울출입국사무소 유치장에 있다는 것이다. 인도에 가기 싫어서 한국인과 결혼하고 싶었던 형제였지만 결국 강제로 추방돼 출국을 하게 됐다. 10년 이상을 불법적으로 체류하다가 어쩔 수 없이 고향 땅을 밟게 됐다.

인도에 큰 땅을 가지고 있던 형제였는데 한국에서 돈을 적지 않게 벌어서 더 많은 땅을 소유하게 된 형제였다. 남동생이 모든 농사를 지었다. 40세가 넘도록 결혼도 안하고 오직 농장일만 하던 친구였다. 고향에서 배운 농사일로 인하여 모든 농기계를 잘 다루었다. 땅을 고르는 로터리 기계뿐만 아니라 자동차 운전과 트랙터까지 만능 농사꾼이었다. 장사도 잘해서 한국에서 주로 재배했던 파를 도매로 팔기도 잘했다. 그래도 한국에서 예수님을 만나서 세례도 받고 예배에 열심히 잘 나왔다. 내 아들처럼 잘 따랐다.

그 형제가 돌아간 후에 수시로 전화가 왔다. 아내와 함께 인도에 꼭 한번 오라는 것이다. 그해 여름에 인도에 선교사로 파송받기를 원하는 형제와 몇 명의 교회 지체들이 현지 정탐여행을 갔다. 평소에 그 형제가 한국에 있을 때 사 놓은 200여 평의 땅을 우리에게 기증하겠다고 입버릇처럼 약속했기에 정탐팀이 먼저 그 땅을 보게 됐다. 그 형제가 사는 곳은 북인도로 수도인 뉴델리에서 170km 정도 떨어진 곳이다. 새벽에 출발하지 않으면 뉴델리를 빠져 나가는 데만 2~3시간은 족히 걸린다. 시내가 거대한 주차장이다. 좁은 길에 빽빽하게 차선을 형성해서 그저 서있는 시간이 더 많다. 서로 부딪혀서 사이드 미러도 없는 자동차들이 먼저 빠져 나가겠다고 엉켜서 경적을 한시도 쉬지 않는다. 트럭 뒤에는 경적을 울리라는 글귀가 있다.

쿠룩쉐트라라고 하는 대도시의 위성도시인 암발라는 소도시이지만 한국의 경기도 같은 하리아나 주와 북쪽의 펀잡주의 주도가 함께 있는 찬디가르라는 거대한 도시와 가까운 곳에 위치해 있기 때문에 시골마을은 아니다. 대학도 있고 경공업이 발전한 규모가 있는 도시이다. 2차선 도로에 접해져 있던 200평의 땅은 가격도 결코 싸지 않은 땅이었다. 일행 중에 한 사람이 그곳이 시골이라고 말한 것을 형제가 들었다. 며칠 후에 나에게 전화가 왔다. 자기가 사는 곳이 시골이 아닌데 시골이라고 말했다고 섭섭하다는 것이다.

몇 달 후에 내가 먼저 인도를 방문했다. 암발라 형제가 공항으로 자기 차를 가지고 나를 데리러 왔다. 암발라 형제의 집에 도착했다. 형제의 어머니와 동생부부 그리고 조카들이 반갑게 맞이해 준다. 조카들이 손으로 나의 발목을 잡고 인사를 한다. 형제가 나에게 그들을 안아주라고 한다. 존경의 뜻으로 발목을 잡고 인사하는 문화라고 생각했다. 형제 말로는 연장자이거나 촌수가 높거나 카스트가 높은 사람들은 결코 자기보다 낮은 사람들의 발목을 잡지 않는다고 한다. 그리고 아이들에게 친근함을 표하기 위해 반드시 안아주어야 한다고 한다.

형제의 아버지는 철저한 힌두교인이었다. 기도실에 들어가면 고관대작이 와도 기도실에서 나오지 않는다고 한다. 무려 네 시간 정도 걸린다고 한다. 이제 세 시간 지났으니 한 시간을 더 기다리라고 한다. 우리 크리스찬들이 네 시간을 기도하는 사람들이 과연 몇 명이나 될까 반문해봤다.

드디어 그의 아버지가 기도실에서 나왔다. 그의 아버지가 반갑게 맞이해 준다. 모든 가족들은 궁금한 것이 많았다. 한참동안을 이야기하다가 200평의 땅 이야기가 나왔다. 형제의 아버지가 말하기를 그 땅은 아들이 한국에서 번 돈으로 산 것이니 아들이 당신에게 주기로 했다면 그것은 당신 것이라는 것이다. 나는 만약 그 땅을 나에게 준다면 그곳에 건물을 짓고 당신 손자들과 같은 아이들을 위하여 컴퓨터학원이나 영어학원이나 태권도학원 같은 시설로 활용할 생각이라고 하니까 갑자기 일어나더니 내 발목을 잡고 감사의 인사를 한다. 깜짝 놀랐다. 형제가 매우 당황스러웠는지 갑자기 한국말로 소리를 지른다. "아버지, 그러시면 안돼요!" 인도의 문화로는 도저히 이해할 수 없는 상황이 벌어진 것이다. 사실 인도인들의 눈에는 외국인들의 위치가 카스트의 제일 밑바닥이라고 말하는 사람들도 있다. 그리고는 일어나서 나를 꼭 껴안고 한참을 놓지 않는다. 감격한 것이다. 그의 눈시울이 빨갛게 물들었다.

형제의 제수씨가 해 준 현지 집밥 카레와 로띠로 식사를 하고 200평의 땅을 보러 갔다. 그 형제는 계속해서 여기가 시골이냐고 반문하면서 그 땅이 어떠냐고 물어 본다. 동네 입구에 있는 좋은 위치에 도로에 접해있는 반듯한 땅이었다. 200미터 떨어진 곳에 초중고 과정의 학교가 있었다. 1,000여 명의 학생들이 있는 공립학교였다.

형제가 학교선생님들이 자기 친구라고 학교에 놀러 가자고 한다. 수업 중이었다. 교실이 모자라서 운동장 한 쪽에서 30여 명의 학생들이 앉아서 수업을 받고 있었다. 선생님이 형제의 친구였다. 우리를 부른다. 그러더니 나보고 시간을 할애해 줄 테니 학생들에게 이야기를 몇 분 동안 해주고 가라고 한다. 수업방해 하는 것 아니냐고 하니까 괜찮다고 한다. 영어를 알아듣느냐고 물었더니 천천히 말하면 괜찮다고 한다. 학생들에게 몇 학년이냐고 하니까 우리 학제로는 고등학교 3학년이었다.

무슨 시간이냐고 물었더니 경제시간이라고 한다. 학생들에게 한국을 아냐고 했더니 한 명이 손을 든다. 어떻게 아냐고 했더니 그 형제가 자기 삼촌이란다. 나머지 학생들은 한국을 모른다고 한다. 올림픽이 열렸던 나라를 모르냐고 했더니 컴퓨터도 없고 인터넷도 없기 때문에 세상 돌아가는 것을 모른다고 한다. 어이가 없었지만 한국에 대해서 설명을 해주었다. 동양인을 처음 보는 동네라서 신기한 듯 나를 쳐다보았다.

학교 교무실에 갔더니 선생님들이 몇 분 앉아 있었다. 가져간 문구류와 볼펜을 선물하고 여러 얘기를 나누었다. 학교 체육시간과 미술, 음악시간도 학과에 없었다. 이곳에 건물을 지어서 태권도를 가르치면 학교 학과과목으로 넣을 수는 없지만 학원에는 많이 보내주겠다고 했다. 아무튼 학교 구경을 하고 형제의 집으로 돌아왔다.

다음날부터 형제가 나를 데리고 이곳저곳을 다녔다. 사돈의 팔촌 집까지 가서 나를 소개하고 다니는데 제수씨의 언니집까지 간다. 가는 곳마다 물 한잔이 나오고 이어서 과자와 음료수가 나왔다. 몇 집을 다니나보니 배가 불러서 더 이상 먹지 못할 정도가 되었다. 그렇게 며칠을 있다가 해리네 집으로 갔다. 한 지붕 안에 대문이 세 개인 주택이 나란히 있는 해리의 집은 맨 왼쪽에 해리의 형님이 어머니를 모시고 살고 있었고 가운데 집이 해리의 집, 그리고 입구 쪽에 있는 집이 막내 동생의 집이었다. 형님은 그곳에서 작은 가게를 하나 가지고 주택수리업을 하고 있다. 해리의 남동생은 미국에서 근로자로 일을 하고 있다고 한다. 해리 아내와 아들과 딸이 반갑게 맞이해 준다. 준비해 준 카레와 로띠를 먹고 한참동안을 이야기하다가 우리와 해리가 준비해 준 여러 가지 선물을 전달하였다.

저녁에 해리의 어머니가 나를 형님 집으로 데리고 갔다. 팔이 여러 개 달린 코끼리 그림이 있는 조그마한 사당으로 데려가더니 그곳을 향하여 기도를 하라고 한다. 깜짝 놀라서 그곳을 빠져 나왔다. 해리의 아버지는 일찍 돌아가셔서 어머니는 큰 형님 집에서 살고 계셨는데 집에 사당까지 마련해 놓고 힌두교 신들을 향하여 기도를 하고 있었다. 각 집마다 두 명씩의 자녀들이 있었다. 아침에 여섯 명의 청년들과 함께 식사를 한 후에 그들이 학교와 직장에 가기 전에 교회에서 배운 5분 전도 스쿨 전도지로 예수님을 소개했다. 짧은 시간이었지만 예수님을 소개하기 위한 훌륭한 내용이었다. 예수님을 영접하겠느냐고 물었다. 모두 쾌히 믿겠다고 대답한다. 영접기도를 하였다. 영어로 된 전도지를 주고 다시 만날 것을 기약하고 암발라로 출발하였다.

　네팔에는 청년들이 많이 눈에 띈다. 도시에 가도 시골에 가도 젊은이들이 많다. 특히 차세대아이들이 많다. 그러기에 바라무 목사는 차세대 아이들을 대상으로 열심히 전도 집회를 갖는다. 인도에도 마찬가지로 젊은이들이 많다. 우리나라는 농어촌에 가면 폐교가 수두룩하다. 그러나 인도에는 보통 1,000명이 넘는 초중고 과정의 학교가 너무 많다. 한국은 인구절벽시대라고 하지만 네팔과 인도는 산아제한이 없기 때문에 소망이 있다.

　몇 년 전에 장로수련회에서 차세대를 부흥하기 위한 방안의 주제에 대해 조별토의와 발표가 있었다. 그때 조장인 내가 SMART운동을 해야 한다고 말한 적이 있다. Space, Money, Allocation, Resource, Time의 단어 첫 글자를 합친 SMART로 차세대에게 공간, 재정, 배분, 자원, 시간을 우선적으로 할애하는 것이 필요하다고 한 적이 있다. 나는 차세대 리더십들에게도 이제는 차세대 아이들에게 선교적인 접근이 필요하기 때문에 전도사로 부르는 것보다 차세대 선교사로 이름을 바꿔야 한다고 기회가 될 때마다 주장한다.

인도와 네팔 선교전략에서 중요한 분야와 대상이 차세대가 되어야 한다. 그들과의 접촉점이 컴퓨터, 음악, 미술, 영어, 한글공부가 바람직하다. 그리고 가장을 복음으로 이끌어야 한다. 가장이 변하면 가정이 변하고 가문이 변화된다. 그리고 우상의 비늘을 벗겨야 한다. 오직 십자가의 보혈만이 그들을 깨끗이 할 수 있다.

Jesus loves you!

그러므로 너는 내가 우리 주를 증언함과
또는 주를 위하여 갇힌 자 된 나를 부끄러워하지
말고 오직 하나님의 능력을 따라 복음과 함께
고난을 받으라 (딤후1:8)

어느 날 해리와 쿠룩쉐트라 형제가 근무했던 공장에 갔
다. 그들은 이미 다른 농장과 공장으로 일자리를 옮겼고 새
로운 고향 친구들이 그곳에서 근무하고 있었다. 그곳에 놀
러온 쿠룩쉐트라에서 온 형제의 안색이 별로 좋지 않았다.
마침 공장 사장님이 들어오시더니 나에게 어디 병원에 가서
진찰을 받을 수 없겠느냐고 하신다. 알겠다고 하고 집사님
이 운영하는 내과에 갔더니 아무래도 신장이 매우 안 좋은

것 같다고 하면서 잘 아는 큰 병원에 추천서를 써 주었다. 며칠 후에 그 형제를 데리고 큰 병원에 가서 진단을 받은 결과 일주일에 두 번 정도 투석을 받아야한다고 한다. 청천벽력같은 결과였다. 이제 막 믿음이 생기고 자라나는 단계였는데 안타까운 상황이 도래한 것이었다. 이제 한국에서 더 이상 일할 형편이 안됐다. 인도에 있는 가족들과 협의한 후에 고향으로 돌아가기로 결정했다. 교회에서 형제를 위한 기도회를 갖고 선교사로 파송하는 파송식을 가졌다. 인도형제들이 모금을 하고 여비를 마련해줬다. 나중에 해리에게서 들은 이야기로는 비록 6개월 전에 도장공장을 그만두고 다른 곳으로 갔지만 공장 사장이 50만원을 쾌척했다고 한다. 단돈 5천원이 아까워서 친구들도 오지 못하게 했던 사장님이 큰돈을 주셨다고 하면서 그 형제도 매우 감격했다고 한다. 인도에서는 술도 먹지 않았던 그 형제는 향수병으로 인해 한국에서 술을 많이 먹고 신장이 망가진 것이었다. 그래도 목숨보다도 더 귀한 구원과 영생을 얻고 인도에 돌아가게 됐으니 축복받은 인생이었다.

이 친구는 후에 인도에서 두 번 만났다. 아내에게 신장이식 수술을 받았지만 몇 년을 더 버티지 못하고 결국 하늘나라로 갔다. 핏빛 없는 얼굴로 반겨줬던 그 모습이 눈에 선하다. 그래도 한국에서 번 돈을 인도에 보내서 시내 외곽에 조그만 2층집을 짓고 1층에서 전파상을 하고 곡물시장에 나가 장사를 했었다. 그의 아내는 가정교회를 하고 싶다는 얘기를 하고 있다고 들었다. 해리 집과는 두 시간 이상 떨어진 곳이라 목회가 어렵다. 그곳에 있는 현지 목회자와 연결을 해서 형제의 믿음이 모든 가족들에게 전해지기를 바라고 있다.

해리는 그 공장을 떠나 가구공장에 취업을 했다. 어느 날 안 좋은 소식이 왔다. 기계에 손가락 하나가 절단됐다는 것이다. 다시 접목할 수 없는 지경이라고 한다. 손가락 하나를 잃어버리게 됐다. 온누리미션을 담당하는 선교사가 공장사장과 합의서를 작성했다고 한다. 얼마의 보상금과 함께 계속해서 공장에서 근무하는 조건으로 합의했다고 한다. 불법체류자이기 때문에 산재보험처리도 못하고 공장에서 보상해 주는 대로 받을 수밖에 없는 형편이었다. 해리는 다친 손가락으로 그곳에서 1년 정도 일을 더 했다.

그리고 일대일 양육을 시작했다. 담당 선교사가 양육자가 됐다. 한주 한주를 거듭하면서 나에게 양육자가 계속 물어온다. 예수님을 잘 믿는다고 하는데 계속해서 의문부호가 생긴다는 것이다. 정말로 인격적으로 예수님을 믿는 것인지 그저 힌두교 다신교 사고방식으로 예수님을 one of them으로 믿는다고 하는지 모르겠다는 것이다. 내가 해리를 겪어본 바로는 진정으로 예수님을 믿는다고 생각한다. 그에게는 고난도 있었고 많은 간증도 있었고 열심히 주일예배와 더불어 온누리미션 예배에 참석하는 모습을 보면 인격적으로 예수님을 구원자로 믿는 것이라고 말해 주었다. 일대일 동반자 과정이 끝날 때까지 그 선교사는 의심의 눈초리를 거두지 않았다. 아마 유대인들이 아우슈비츠에서 평소에 믿음이 좋다고 소문난 사람과 조금은 껄렁껄렁하게 믿음 없이 살았던 사람이 가스실에 들어갈 때 믿음이 좋다고 믿었던 사람은 두려움에 떨었지만 믿음 없다고 한 사람은 찬송을 부르며 담대하게 가스실에 들어갔다는 예화를 생각했는지 해리가 너무 쉽게 예수님을 믿는다고 한 사실에 놀랐던 것 같다.

오랫동안 인도에서 사역했던 그가 그곳에서 경험했던 인도인들을 생각해서 믿기지 않았을 것이다. 해리의 믿음은 그 해 양지에서 열렸던 하비스트(Harvest) 집회에서 간증함으로써 많은 사람들에게 감동을 주었다. 당시 온누리신문에도 크게 보도됐던 해리의 믿음의 고백은 많은 사람들에게 큰 감동을 주었다.

얼마 안 있다가 해리가 입원을 하였다. 당뇨를 앓고 있던 해리는 참 자기관리에 철저했다. 현미밥에 단 음식도 안 먹고 식단관리를 잘 했다. 그러나 약간 안짱다리에 관절이 안 좋아서 걷는 것이 불편했다. 서울의료원에 갔더니 두 다리 모두 대수술을 받아야한다고 한다. 수술비가 거의 1,000만 원 육박했는데 외국인들에게 주는 의료혜택을 받으면 50만 원 정도만 부담하면 됐다. 거의 한 달 이상을 입원했다. 많은 사역자들이 문병도 가고 여러 가지로 도왔다.

그런데 교회에 한 번도 나오지 않았던 인도 형제 하나가 중병에 걸렸다고 하면서 도와줄 수 없냐고 요청이 들어왔다. 만나보니까 말도 어눌하고 기억력도 없고 뇌경색인 것 같았다. 통장에 큰 자금이 있었는데 암호번호를 잊어버려서 돈도 못 찾고 있었다. 형제를 데리고 은행에 갔더니 오랫동안 불법체류자라서 신분확인도 안되었다. 출입국 기록자체가 말소돼서 가지고 있던 신분증으로는 도저히 증명이 되지 않았다.

서울의료원에 문의하니까 해리처럼 의료혜택을 줄 수 있다고 한다. 빨리 입원해서 수술을 받아야 하는데 문제였다. 인도에서는 무조건 비행기에 태워서 보내라고 전화가 빗발쳤다. 치료를 받지 않고 비행기를 타면 큰일이 날 것 같았다. 은행에 사정 이야기를 했더니 기다려보라고 한다. 하루종일 기다렸다가 하는 말이 신분확인이 안 돼서 인출이 안된다는 것이었다. 수술을 받던 안 받던 예금은 인출해서 나가야할 것이었다. 결국 다음날 통장을 해지하는 조건으로 예금을 찾았다. 그 형제는 서울의료원에서 성공리에 수술을 받았다. 대학병원에서 수술을 받으면 의료혜택을 못 받고 큰 금액의 수술비를 감당해야 했지만 적은 금액으로 수술을 받고 회복하였다. 그렇게 두 사람은 거의 동시에 수술을 받고 퇴원했다. 뇌경색을 앓던 형제는 얼마 안 있다가 인도로 출국했다. 남양주 아웃리치 팀과 인도를 갔을 때 만나 보려고 해리 집으로 오라고 했지만 그 형제는 나타나지 않았다. 어디에 있든지 예수님의 사랑을 간직하기를 바랄 뿐이다.

다음해 해리가 고향으로 돌아갔다. 크리스마스를 하루 남기고 자진해서 인도로 돌아갔다. 크리스마스를 가족과 함께 보내는 감격을 누렸을 것이다. 나와 아내는 그들을 보기 위하여 인도에 갔다. 암발라 형제가 호텔로 우리를 데리러 왔다. 해리 집으로 먼저 갔다. 조그만 차 한 대가 해리 집에 서 있었다. 누구 차냐고 했더니 해리 차라고 한다. 차 뒤 유리창에 흰색으로 크게 써 붙인 영어 글귀가 보인다. "Jesus loves you". 해리의 모든 가족이 동네 교회에 나가고 있었다. "주 예수를 믿으라 그리하면 너와 네 집이 구원을 받으리라"(행16:31)의 말씀이 그대로 실현된 것이다. 그리고는 큰 형님과의 일화를 얘기해 준다.

해리 동네에는 정말 분에 넘치는 힌두교 사원이 있다. 최고 품질의 대리석으로 지어진 건물인데 적어도 몇 백 억 원이 들었다고 한다. 목돈이 생기면 몇 미터씩 증축했다고 한다. 사원 앞에는 4층짜리 빌딩이 있는데 힌두교 사원 소유라고 한다. 많은 임차료가 들어온다고 한다. 해리가 형님과 사원에 가서 건축비용으로 학교나 병원을 지었으면 더 많은 사람들이 큰 혜택을 받았을 것이라고 얘기하니까 형님이 힌두교 구루에게 물어보라고 하면서 그 자리를 피하더라고 한다.

해리는 담대히 신앙생활을 하고 있었다. 자녀들에게 크리스찬이 아니면 결혼할 생각을 하지 말라고 선포했다고 한다. 최근에 그의 딸은 목사님 동생과 결혼을 하였다. 아들은 아직 결혼을 하지 않았는데 힌두교를 믿는 간호사 자매와 혼담이 있다고 한다. 예수님을 믿어야 혼인을 할 수 있을 것이라고 말했다고 한다.

아내는 해리의 아내가 직접 바느질로 만든 인도 전통 옷인 사리 한 벌을 받았다. 꼼꼼하게 지은 옷의 색상과 디자인이 너무 좋은지 아내가 크게 만족한다. 사실 사리는 바느질을 하지 않는다고 한다. 의상에 흠집을 내는 바느질은 옷의 영혼을 손상시키기 때문에 부정하고 천한 옷이라는 것이다. 개량 사리라고 해야 할 것 같았다.

1박2일을 함께 보낸 우리 부부는 암발라로 향했다. 아내는 형제의 조카들과 그들의 친구들과 잘 어울렸다. 우리에게 주기로 한 200평의 땅을 바라보며 아이들을 위한 공간으로 활용하면 좋겠다고 한다. 아이들과 함께 사진도 찍고 간단한 인도 말도 배우고 차세대에 대한 꿈과 비전을 갖게 됐다.

형제의 아버지가 시장에 가서 인도 정통 의복을 한 벌 사주라고 해서 나도 남성들이 입는 기성복을 선물로 받았다. 우리를 위해 준비해 준 방에 들어갔더니 침대 밑에 가네샤 상을 가진 스탠드가 있었고 네온사인처럼 불이 반짝거렸다. 불을 끄고 방향을 돌려버렸다. 잠이 올 것 같지 않았다. 화장실에 가니 휴지가 없었다. 물이 나오는 호스가 하나 있었다. 처음에는 무척 당황스러웠지만 이제 이해가 갔다. 수동 비데였다. 그래도 동네 앞에는 조그만 숲이 있었는데 공작새의 서식지였다. 마을까지 날아와서 담에 앉아 큰 날개를 펼치는 장면이 너무 멋있었다.

다음날 아침에 주정부의 장관과 면담이 있었다. 자원재활용에 대한 프로젝트를 소개하기로 해서 갔는데 줄이 20미터는 서있었다. 형제의 친척 형님인 그곳 지방국세청의 고

위직 공무원이 동행했다. 주정부장관도 친척이라고 한다. 그런데 줄이 줄지가 않는다. 알고 보니 계속 새치기들을 하는 것이다. 막무가내로 먼저 들어가는 것이다. 몇 시간 만에 면담을 했다. 그런데 할당받은 시간이 너무 짧아서 제대로 설명도 못했는데 다음 순서 때문에 비서가 나가라고 한다. 우리는 나올 수밖에 없었다. 형제가 말하기를 이따 저녁에 집으로 찾아가기로 했다고 한다.

동네에 돌잔치가 있는데 그곳에 장관이 오기로 돼있으니까 끝나고 만나면 된다고 한다. 저녁에 동네 넓은 공터에 큰 천막이 들어섰다. 무대가 만들어지고 수 백 명의 하객들이 참석한 가운데 돌잔치가 열렸다. 노래와 춤이 함께하는 그렇게 큰 돌잔치는 처음 봤다. 국세청에 다니는 형제의 형님도 가족들을 데리고 와서 반갑게 인사를 나누었다.

우리 부부와 형제는 주장관의 집에 가서 1시간 이상을 프로젝트에 대해서 의견을 나누었다. 최대한 협조해 주겠다는 약속을 받았다. 후에 일어난 얘기지만 이 프로젝트를 진행하려는 인도 비즈니스맨은 투자금액이 너무 커지는 바람에 포기를 해서 결국 사업진행은 못했다. 주장관은 이후에 국회의원이 됐다. 또한번 만날 기회가 있었지만 뉴델리에서 그곳까지 가는 길이 너무 복잡해서 약속시간을 못 맞추었다. 그렇게 며칠을 우리는 그곳에서 많은 것을 보고 느끼고 사람들을 만났다.

그런데 아내가 음식을 잘 못 먹었는지 탈이 났다. 우유에 문제가 있었는지 배탈이 나서 몸이 안 좋았다. 우리는 서둘러 뉴델리로 왔다. 뉴델리역 앞 시장 안에 있는 한국인이 운영하는 식당에 가서 한국음식을 먹자고 하니까 따라 나선다. 그런데 건물 4층에 올라가는 계단이 너무 지저분하다. 2층까지 가더니 돌아선다. 그리고는 망고 몇 개를 사서 식사로 대용하자고 한다. 해결이 안 됐다. 배가 고픈지 다시 그곳으로 가자고 한다. 어렵게 5층까지 올라가서 된장찌개와 김치찌개를 시켰다. 모든 것이 해결됐다. 배탈도 배고픔도 일시에 없어졌다. 한국인이 조리를 하는 음식솜씨가 입맛에 들었던 것이다. 역시 크리스찬은 하늘나라의 언어를 사용하고 하늘나라의 말씀을 먹어야 하는 것이다. 그리고 우리는 한국으로 돌아 왔다. 해리를 통하여 북인도가 놀라운 하나님 나라가 되기를 소망하며 기쁘게 집으로 돌아왔다.

한국에서 많은 아픔과 손가락 하나를 잃어버리고 인도로 돌아간 해리는 길이요 진리요 생명 되시는 예수님을 만나서 사도행전 말씀대로 "주 예수를 믿으라 그리하면 너와 네 집이 구원을 받으리라"(행16:31) 고향에서 가족을 구원하고 인도 땅에 구원의 씨앗을 뿌리기 시작했다.

요가는 운동이 절대 아닙니다

성령 안에서 너희 사랑을 우리에게 알린 자니라
(골1:8)

안광국목사님과 함께 17명의 인도, 네팔 아웃리치팀이 결성됐다. 팀장은 내가 맡고 대부분 부부 동반으로 이루어진 팀은 목사님이 최연소자였다. 평균연령 65세의 시니어 아웃리치 팀이었다. 팀 이름은 '아름다운 발' 팀이었다. "보내심을 받지 아니하였으면 어찌 전파하리요 기록된 바 아름답도다 좋은 소식을 전하는 자들의 발이여 함과 같으니라"(롬10:15)에서 아이디어를 얻어 제안했더니 많은 사람들이 좋다고 한다. 출발하기 수 주 전부터 기도모임을 갖고 인도와 네팔을 위해 기도하면서 힌디어 찬양곡을 배웠다. '예수 아차 해'라는 곡으로 '좋으신 하나님'의 힌디어 버전이었다. 간단하면서도 외우기 좋고 강력한 메시지를 담고 있는 곡이었다. "예수 아차 해 예수 아차 해 예수 아차 해 아차 해 무주 꼬" "좋으신 하나님 좋으신 하나님 참 좋으신 나의 하나님". 이 한 곡의 찬양곡이 앞으로 인도에서 한국에 와 있는 형제들의 집을 방문할 때 동네사람들을 모으는데 큰 역할을 할지 아무도 몰랐다.

기증받은 의류와 여러 물품을 포장해서 드디어 인도로 출발했다. 남양주에서 함께 동역하다가 선교사로 파송 받아 있던 선교사와 또 한명의 선교사가 공항에서 우리를 기다리고 있었다. 한참 만에 관광버스 한 대가 왔는데 허름한 버스가 왔다. 지저분하고 제대로 굴러갈지 의심이 들 정도로 차체 길이도 짧고 탑승인원도 30명도 안 되는 아무튼 실망스러운 버스가 왔다. 인도에서 심방해야 하는 곳도 많고 길도 안 좋아서 좋은 버스를 예약하라고 했는데 비용을 아끼려고 그런 버스를 예약했다고 한다. 아무튼 일단 탑승하고 뉴델리에서 하루를 묵은 후 다음날부터 강행군이 예정

돼 있었다.

한국에 있는 형제들이 무조건 자기 집에 가야한다고 해서 처음에는 서너군데 사이트를 지정해서 가족들이 그 집으로 모이라고 했더니 안 된다고 하면서 자기 집에도 가야한다고 막무가내였다. 모두 아홉 곳이었다. 모두 가려면 새벽부터 저녁 늦게까지 수 백 킬로를 다녀야 했다. 별로 맘에 들지 않는 버스를 타고 가려니까 걱정이 든다. 덜컹댈 때마다 공중부양을 해야 했다. 회계를 맡았던 임원영 권사님과 아내를 비롯한 몇 분들에게 특별히 먹는 것에 신경을 써 달라고 부탁했다. 국내외 아웃리치 갈 때마다 팀장으로 세워졌던 경험을 많이 해본 결과 잠자리와 여정이 힘들어도 먹는 것만 풍성하면 아웃리치 중이나 돌아와서도 아무 이야기가 안 나왔다. 비용 아낀다고 물 한 병이라고 제대로 안 주면 끝나고 집에 와서는 두고두고 침소봉대해서 아웃리치에서 먹을 것도 제대로 안줬다고 말이 많이 나오는 것을 보았기 때문이다.

언젠가 예수전도단의 예수제자학교 교육의 말미에 국내 아웃리치를 간 적이 있었는데 15인승 봉고버스에 12명이 타고 경상도 지역을 일주일 동안 다닌 적이 있었다. 더운 여름이었는데 오후만 되면 쉬는 곳마다 차가운 수박을 사서 먹노라면 부흥회가 따로 없었다. 수박 한 통으로 많은 사람들이 행복할 수 있는데 인도에서 많이 생산되는 제철과일과 건과류가 얼마나 싸고 맛이 있을지 기대가 됐다. 기대는 늘 현실이 된다. 아침마다 버스를 타면 한 사람 당 한 봉지씩 묵직하게 각종 과일과 건과류와 간식을 주는데 정말 풍성했다. 그것을 다 먹으면 점심을 못 먹을 정도였다. 그런데 점심을 먹고 버스를 타면 또 다른 간식거리가 기다리고 있었다. 몇 분이 전날 밤 늦게까지 선교사님들에게 부탁해서 구입한 과일과 먹거리를 포장해서 나눠주었다. 힘든 여정이었다.

제일 먼저 현지 선교사들이 사역하고 있는 교회에 갔다. 오래 전에 윤선교사가 개척했던 교회에서 현지인들과 특히 아이들과 함께 예배를 드리는 모습은 감동이었다. 안목사님의 설교 메시지도 좋았다. 물(힌디어로 '빠니')을 물이라고 불러야지 다른 이름으로 부르면 안 된다는 것이다. 마치 이런저런 것을 모두 신이라고 부르는 힌두교 우상들을 빗대어 말씀하시는 내용이었다.

예배 후에 간식을 나누면서 교제를 하고 인디아 게이트와 시크교 사원과 힌두교 사원을 방문해서 현지경험을 하였다. 다음날 해리네 집을 방문하였다. 5시간 넘게 걸려 도착한 마을에 사람들로 북적인다. 그렇게 많은 동양인들이 조그만 도시를 방문한 것이 지역에 큰 구경거리였다. 해리가 정성을 다해서 음식을 준비해 놓았다. 임시로 마련된 해리 집 옥상에 올라가서 몇몇 동네 분들과 함께 예배를 드렸다. 길거리에서 과일을 판매하는 형제도 크리스찬이라고 하면서 예배에 동참했다. 40여 명이 함께 힌두교의 나라 인도 땅에서 마음껏 찬양하며 예배를 드렸다. 해리가 동행했다. 이제부터는 해리의 안내로 인도 형제들을 심방하기로 했다. 쿠룩쉐트라에서 하루를 묵고 암발라로 출발했다.

암발라에 사는 형제가 요리사를 고용해서 자기 집 옥상에 원탁 테이블을 10여 개 놓고 마치 호텔 레스토랑처럼 꾸며놓았다. 조카들과 동네 몇 명의 아이들은 학교에도 안 가고 우리를 대접하기 위하여 대기하고 있었다. 도착해서 먼저 200평의 땅을 보았다. 모두들 좋은 땅이라고 이구동성으로 말하자 그 형제가 너무 즐거워한다. 그리고 학교에 갔다.

학교 선생님들과 함께 여러 이야기를 나누었다. 유익한 시간이었다.

그의 집에 오니 2층 옥상으로 올라가라고 한다. 멋진 만찬이 기다리고 있었다. 동네 어르신들과 모든 친척들이 모두 와 있었다. 이전에 왔을 때 만났던 친척들의 얼굴도 많이 보였다. 반갑게 허그를 했다. 내가 먼저 인사말씀을 전했다. 우리는 형제가 한국에 있을 때 다니던 교회의 성도들입니다. 그가 한국에 있을 때 그와 인도인들을 너무나 사랑했습니다. 우리는 일주일에 한번 씩 저녁에 교회에서 만나서 카레를 먹으면서 예수님의 사랑을 전하고 교제를 했습니다. 고향에 돌아온 형제들이 어떻게 사는지 또 아직도 한국에서 열심히 일하고 있는 형제들의 집을 방문해서 안부를 전하기 위해 이곳에 왔습니다. 여러분의 환대에 감사합니다. 사랑을 전하기 위해 왔지만 많은 사랑을 받고 갑니다.

형제의 외삼촌이 조금 늦게 도착해서 나에게 왔다. 지난번 올 때 자기 집에 초청해서 식사를 대접 받았는데 정미소를 크게 운영하며 정치에 뜻이 있어 활동하던 지역유지였다. 내가 나이가 많아서 나를 형님으로 부르기로 한 친구였다. 나를 껴안고 한참동안 놓지를 않는다. 참으로 반가운 동생이었다.

건너편 테이블에는 형제의 고모부도 있었는데 저 친구 집에 갔을 때 내 나이를 물었었다. 내가 몇 살이라고 했더니 못 믿겠다고 하면서 신분증을 보여 달라고 했다. 내 생각에 겉모습은 나보다 서너 살은 위로 보이는 친구였는데 갑자기 나이를 확인해 보겠다고 하니까 당황스러웠다. 그날 거기에는 그 친구 아들 부부와 시집갔던 딸 부부와 손자들까지 대가족이 모여 있었던 자리였다. 내 나이를 아는 암발라 형제가 막 웃었다. 할 수없이 주민등록증을 보여줬다. 고개를 갸우뚱한다. 내가 당신 신분증을 보여 달라고 했더니 아무 말도 못한다. 형제가 말하기를 내가 세 살 위라고 한다. 내가 웃으면서 그 친구 어깨에 손을 올리고 나에게 앞으로 형님이라고 부르라고 했더니 멋쩍어한다. 한국인들이 인도에 가면 이렇게 현지인들보다 젊게 보인다. 아마 기쁘게 선교를 해서 그런지 모르겠다. 내가 형제의 고모부에게 가서 악수를 청했다. 반갑게 인사를 나누었다. 만찬을 끝내고 마음은 가벼웠지만 뱃속은 정말 무겁게 음식으로 채우고 크룩쉐트라의 형제 집으로 향했다.

신장병으로 귀국한 형제의 집은 작은 2층집이다. 2층 거실에 옹기종기 모여 앉아서 그의 치유를 위해 기도하며 교제를 나누었다. 가족들이 모두 고맙다고 인사를 한다. 형제의 집 밖 길거리에는 누가 결혼식을 하는지 요란스럽다. 크게 마이크를 틀어 놓고 음악소리 중간 중간에 결혼 축하 메시지가 흘러나온다. 보통 12월부터 2월까지가 결혼식 시즌인데 조금은 철이 이른 결혼식이었다.

현지 목회자를 만나서 몇 군데 가정교회를 찾아가서 기도하는 시간을 가졌다. 쿠룩쉐트라는 힌두교의 성지 같은 곳이다. 거대한 호수와 함께 힌두교 박물관이 있는 본산 같은 곳이다. 그렇게 하루가 지나가고 우리는 그곳 호텔에서 하루를 묵었다. 이제 일곱 곳을 방문해야한다. 가는 길이 만만치 않다. 길도 좁고 커브 길도 많고 골목골목을 누비면서 한 집씩 찾아갔다. 요철이 많아서 버스 천장에 머리를 수없이 박아야 했다. 여기저기서 외치는 소리가 난다. 그래도 힘든 내색들을 안 했다.

처음으로 간 집에는 동네 사람들이 모두 모였다. 한국에 있는 형제가 핸드폰 영상으로 연결해서 가족들과 통화하며 우리는 많은 사람들 앞에서 준비해 간 '예수 아차 해'를 소리 높여 찬양했다. 예수가 누구길래 그를 좋아한다는 것인가? 아마 이렇게 생각했을 것이다. 한국에 있는 그들의 아들이자 남편이자 아버지가 설명했을 것이다. 그리고 해리가 통역을 하며 우리는 융숭한 대접을 받았다. 찾아가는 집마다 농사를 크게 지었다. 대가족들이 모여 있었다. 한국에 간 형제는 이들 모두의 희망이자 그들을 대표하며 파송 받은 일꾼이었다. 가는 집마다 짜이와 과자와 먹을 것이 풍성하게 나왔다. 배가 부르지만 거절할 수가 없었다. 물 한잔과 대접하기 위해 나오는 음식을 거절하는 것은 그들의 성의를 무시하는 그곳 문화에 어긋날 수도 있기 때문이었다.

가는 곳마다 우리는 '예수 아차 해'를 높이 부르며 교제하며 주님의 평강을 위해 기도를 하였다. 예수님을 알고 구원의 은혜가 그 가정과 가문에 임하기를 위해 기도하였다. 마지막으로 간 곳은 죠니의 집이었다. 한국에 있을 때 공장에 근무하며 몇 번이고 출입국사무소 직원에게 붙잡힐 위기

를 넘기고 있다가 자진해서 귀국한 그를 그의 집에서 만났
다. 저녁 무렵이었는데 꼭 카레를 먹고 가야한다고 강권하
는 바람에 어쩔 수 없이 그 집에 있어야 했다. 농사도 크게
짓고 집에서 조금 떨어진 곳에서 식당도 운영하는데 식당에
서 카레를 조리해서 온다고 기다리라고 한다. 꽤 오랫동안
기다려서 치킨 카레를 먹었는데 정말 맛이 있었다.

죠니는 한국에서 세례를 받고 간 친구였는데 근처에 교
회도 없고 엄격한 힌두교 집안의 가풍으로 인해 그 속으로
들어간 것 같았다. 그래도 심령의 한 곳에 예수님을 향한 마
음이 계속 있기를 바라며 기도를 하였다.

몇 년 후에 죠니에게서 전화가 왔다. 깜짝 놀랐다. 어디
냐고 하니까 뉴욕이라고 한다. 그곳으로 돈을 벌려고 가서
주유소에서 일을 한다고 하면서 뉴욕에 있는 온누리미션을
소개해 달라고 한다. 그에게는 교회가 곧 온누리미션이었다.
주소와 전화번호를 보내주었다. 다음 주에 꼭 가겠다고 한
다. 그렇게 그와 다시 연락이 되었다.

며칠간의 강행군을 끝내고 우리는 뉴델리로 출발했다.

현지 선교사에게 내일부터는 몇 군데 땅밟기를 해야 하니 반드시 버스를 좋은 것으로 교체해 달라고 요청했다. 멀리 타지마할이 있는 아그라까지 고속도로로 3시간 이상을 달려가야 했다. 버스회사와 어렵게 협의해서 깨끗하고 큰 버스가 왔다. 아그라까지 고속도로가 시원하게 잘 뚫렸다. 가는 도중에 휴게실도 시설이 잘 돼 있어서 오랜만에 드립커피도 마시면서 고생했던 모든 것을 다 잊어버리고 유쾌하게 타지마할을 보았다.

사실 인도는 처음부터 힌두교가 지배하는 나라가 아니었다. 드라비다인들이 시작했던 인더스문명은 BC 2000~1500년 경에 아리아인들에 의해 소멸되고 이후 베다문명이 시작된다. 베다종교 즉 브라만교가 그 기원이다.

아리아인들은 토착민들을 지배하기 위해 카스트 제도를 만들었다. 알렉산더 대왕의 인도 정복과 급서로 인해 카스트의 불평등을 타파하기 위해 마우리아 왕조(BC 320~185)부터 숭가 왕조(BC 185~BC141)까지 한때 불교가 융성하기도 했지만 불교가 쇠퇴하기 시작하는 5세기부터 고대 베다 전통이 지역 민간 전통들과 융합하면서 고전 힌두교가 출현

하였다. 이후 인도이슬람왕조인 무굴제국(1526~1857)이 등장하게 되고 영국 식민지 시대(1757~1947)에는 다양한 힌두교개혁운동으로 인하여 파키스탄을 중심으로 하는 이슬람과 인도를 중심으로 한 힌두교가 분리된다.

아그라의 타지마할은 무굴제국의 황제였던 샤 자한(1592~1666 재위) 황제가 왕비 무타즈 마할을 위해 세운 궁전 형식의 묘지이다. 참으로 대단했다. 입구로부터 묘지까지 300미터가 넘는 수로를 걸으며 굉장히 큰 규모에 놀라지 않을 수 없었다. 인도가 이슬람국가였던 시절이 있었다는 사실이 새롭게 다가온다.

그렇게 몇 시간을 보다가 근처에 있는 인도식당에 갔다. 가격이 꽤 비쌌지만 우리 입맛에 너무 맞았다. 그렇게 타지마할을 보고 뉴델리로 올라와서 샤 자한이 건축했던 레드포트를 갔다. 그런데 입장해서 한참을 가다보니까 한 사람이 없었다. 알루고비를 너무 좋아했던 집사님 한 분의 모습이 안 보이는 것이었다. 전화도 안 되고 잃어버린 한 영혼을 찾기 위해 현지 선교사와 이리 뛰고 저리 뛰고 찾아다녔다. 결국 화장실에 간 것도 모르고 입구에서 입장도 못한 분을 남겨놓고 들어왔던 것이다. 나중에 밖으로 나가서 그 분을 데리고 들어왔다. 다른 분들은 그 사실도 모르고 이미 퇴장하려고 입구 쪽으로 오고 있었다. 예수님은 잃어버린 어린 양 한 마리를 찾기 위해 99마리를 두고 가셨는데 조금이나마 그 심정을 이해할 것 같았다.

레드 포트 근처에 무굴식 양고기 카레를 잘하는 식당이 있다고 해서 삼삼오오 오토릭샤를 타고 갔다. 가는 길도 복잡했고 식당도 복잡했다. 가까스로 방을 하나 잡고 난과 양고기 카레 그리고 몇 가지 음식을 시켰다. 테이블마다 음식 주문이 끊어지지 않는다. 계속해서 몇 번을 시켜서 음식을 푸짐하게 먹었다. 그러고 보니 한국에서 여러 가지 밑반찬들을 준비해 왔는데 한 번도 식당이나 호텔에서 꺼내서 먹은 사람들이 없었다. 우리 입맛에 맞는 음식을 주문해서 먹기도 했지만 인도 음식에 모두 적응했기 때문이었다.

옛날에 직장 다닐 때 인도사람이 출장 와서 이태원 인도 식당에 갔던 생각이 났다. 그때는 나 혼자만 인도카레를 먹을만 하다고 했는데 여기에서는 20명이 인도 음식이 싫다는 사람이 없다고 하니까 참 다행이었다. 다 적응하기에 달린 것이다. 오래 전에 몽골에 갔을 때 영하 30도였다. 그곳에서 돌아온 날 바로 남미의 가이아나라는 곳에 도착하니 영상 40도였다. 무려 70도의 온도차를 겪은 적이 있었다. 그래도 아무 일도 없이 잘 버티다가 돌아 온 적이 있었다. 우리가 생각하기에 달렸고 마음먹기에 달린 것이다. 집에서 싸온 밑반찬들은 정작 한국 음식을 먹으며 다녔던 네팔에서 꺼내서 먹었다. 짐을 만들지 않으려는 생각들 때문이었다. 인도에서의 일정이 서서히 끝나가고 있었다. 다음 목적지인 네팔을 향하여 우리는 비행기에 몸을 실었다.

뉴델리에서 카트만두까지 비행시간은 2시간이다. 그러나 출국 수속과 카트만두에서 내려서 비자를 받기 위해 한 손에는 여권과 비자비용을 들고 줄을 서서 기다려야 한다. 밤 늦게 도착하니 벤자민이 우리를 기다리고 있었다. 호텔에 도착해서 여장을 풀고 다음 날 점심에 한국에 있는 네팔 근로자들의 가족들을 초청했고 함께 남양주에서 신앙생활을 했던 사람들을 모두 한 곳에 초청해서 점심식사를 하며 교제를 나누었다. 모두 너무나 행복해 했다.

아푸카이레니에서 바라무목사도 오토바이를 타고 왔다.

음식을 풍성하게 나누어 먹었다. 역시 '음식을 먹다보면 복음도 먹는 것이다'라는 아내의 철학은 옳은 것 같다. 열심히 신앙생활을 할 것을 부탁했다. 그리고 한국에 있는 형제자매들의 안부를 전하며 함께 신앙생활을 하는 것을 그들에게 알렸다. 모두 하나님을 잘 믿겠다는 말을 듣고서 모임은 끝이 났다.

벤자민의 안내로 '와다'지역에 새로 지은 교회로 향했다. 아직 내부공사가 완성되지 않아서 예배를 드리지는 못하지만 2층에 올라가서 빙 둘러 앉아 '와다 교회'를 위해 그리고 조만간 시작할 신학교를 위해 기도를 하였다. 교회 이름이 '와다'였다. 안목사님은 이름처럼 '왔다' 곧 최고의 신학교가 되라고 덕담을 하시면서 축복하셨다. 나는 겸손하고 또 겸손한 섬김의 리더가 되라고 축복하였다. 교회가 들어선 곳은 카트만두의 외곽지역으로서 일종의 신도시 지역이다. 저 밑에 새롭게 지어서 이전한 한인교회가 보였다. 원래 한인교회는 시내에 있었는데 이곳 땅을 구입해서 이전했다.

네팔은 수많은 교파와 교단에서 선교사를 파송한 지역이다. 그러나 한인교회는 이곳 한 곳만 있었다. 담임목사는 교파별로 돌아가며 맡는다고 한다. 이번에 장로교에서 맡으면 다음에는 감리교, 침례교의 순번대로 바뀌기 때문에 기독교 인이 아닌 현지 대사가 부임해서 제일 먼저 인사하는 곳이 한인교회이다.

현지에서 선교사의 대명사도 한인선교사로 지칭한다고 한다. 영적 파워(power)뿐만 아니라 지역적인 영향력도 매우 큰 것이다. 선교사가 가장 존경받는 곳, 하나 됨을 실천하고 있는 곳이 바로 네팔인 것이다. 그곳을 나와서 우리는 힌두교사원으로 향했다. 오래되고 거대한 사원이었다. 일인당 입장료가 우리나라 돈으로 거의 만원이었다. 현지인들은 무료이지만 외국인들은 입장료를 받았다.

사원에 들어가니 화장을 하는 장소가 있었다. 그리고 강이라고 불리는 작은 개울물이 흐르고 있었는데 수량도 거의 없었지만 잿물로 인해 거의 탄광촌의 물처럼 새까만 물로 변해 있었다. 저 건너편에 10여 구의 시신이 장작더미에 올려져 있었고 몇 구의 시신은 천에 싸여져서 물에 적셔지는 의식이 있었다. 쇼킹한 장면이었다. 몇 분들은 신기한 듯 가까이에 가서 자세히 보러 간다. 옆에 어떤 젊은 한국인을 만났다. 아침부터 오후까지 계속해서 멀리서 앉아서 한 구의 시신이 다 타서 재가 될 때까지 시간을 재고 있다고 한다. 우리는 힌두교식 화장 문화를 바로 앞에서 체험했다. 그렇게 하루를 마감하고 숙소로 돌아왔다.

새벽에 마운틴 프라이트를 많은 사람들이 다녀왔다. 우리 부부는 지난번에 갔다 왔기에 여유로운 아침을 보냈다. 그리고 몇 가지 선물을 사기 위해 우리 일행은 숙소에서 멀지 않은 장소로 20여 분을 걸어가기로 했다. 실크 제품이 비싸지 않았다. 몇 가지씩을 사고 근처에 있는 중국식당에서 식사를 하기로 했다. 나는 너무나 놀라서 뒤로 넘어질 뻔하였다. 식당입구 1층에서 부탄에서 온 도르지목사를 만났던 것이다. 그는 아시아연합신대원에서 신학석사과정 중에 만났다. 주일마다 우리교회 근처에 있는 다른 교회에서 외국인근로자 사역을 담당하고 있어서 주일마다 그를 학교에서 픽업해서 교회 근처에 내려줬던 목사였다. 박사과정을 밟는 중에도 몇 년을 그렇게 섬겼었는데 카트만두에서 만나리라고는 꿈에도 몰랐다. 어쩐 일이냐고 하니까 세미나가 있어서 왔다고 한다. 본국에서는 여행사를 운영한다고 한다. 다시 연락하기로 하고 우리는 헤어졌다.

한국에 돌아와서 몇 번 이메일을 주고받았다. 그곳에 선교사로 가고 싶어 하는 분이 있었는데 도움을 요청했더니 가능하다고 한다. 그런데 그 선교사님은 결국 아프리카로 임지를 바꾸셔서 이루어지지는 못했지만 누가 천국에 가면 세 번 놀란다고 하는 재미있는 이야기가 생각났다. 먼저 내가 천국에 갔다는 사실에 놀라고 천국에 오지 못할 사람이라고 생각했던 사람을 만나서 놀라고 천국에 올 것이라고 생각했던 사람이 없어서 놀란다는 이야기이다. 아무튼 중국에 아웃리치를 가서 길거리에서 문화해설사로 그곳에 온 우리 교회 집사님을 만난 이후에 우연치고는 참 대단한 만남이었다.

우리는 2층에 있는 중국식당에서 몇 가지 요리와 음식을 배부르게 먹었다. 20여 명이 커다란 테이블 두 개에 나눠서 많은 요리를 먹고 나와서 계산을 하는데 10만원이 안 나왔다. 벤자민에게 이런 음식점을 왜 진작 추천을 하지 않았느냐고 추궁했다. 전날 한식당에서 꽤 비싸게 음식을 먹었기 때문이다. 다음에 또 카트만두에 가면 무조건 그 중식당은 몇 번이고 갈 것 같다. 가격도 쌌지만 음식 맛도 훌륭했기 때문이다.

네팔에서의 일정을 모두 마치고 한국행 비행기를 탔다. 힌두권 두 나라의 아웃리치로는 정말 의미 있는 단기 선교 여행이었다. 하나님의 백성들을 위로하고 복음을 전하고 힌두권을 위하여 기도하며 땅을 밟았던 특별한 열흘간의 여행이었다. 돌아온 후에도 많은 분들이 지속적으로 모임을 갖고 해리를 후원하기 위해 모금을 한다. 매월 보내지는 헌금은 가정교회 두 곳의 목회지원비로 사용하고 있다. 그동안 쿠룩쉐트라 현지 목회자를 위한 오토바이 구입비용과 얼마 전에는 해리에게 소형 자동차의 할부구입을 위한 초기 비용을 보내기도 했다. 임원영권사님의 헌신적인 수고로 매달 후원금을 한 달도 빠지지 않고 보내고 있다. 금년부터는 망우교회 권사회에서 목회지원비의 일부를 플로잉한다. 참으로 감사한 일이다. 복음의 불모지인 북인도 땅에 복음으로 충만할 날이 올 것을 기대하면서 열심히 기도하고 있다.

집으로 돌아온 후에 인도, 네팔 아웃리치를 정리하고 싶었다. 아웃리치를 떠나기 전에 팀원들과 함께 간단하게 인

도와 네팔의 역사에 대해 공부하며 기도했던 사항들을 다시
한번 꺼내어 놓고 차분하게 보기 시작했다. 나중에라도 인
도와 네팔에 갈 때 큰 도움이 될 것 같았다.

인도 개관
(주 인도 한국대사관 및 인도정부 홈페이지 인용)

일반사항

- 국　　명 : 인도(Republic of India)
- 수　　도 : 뉴델리(New Delhi)
- 인　　구 : *약 13억 6천만명 (세계 2위)
- 면　　적 : 약 330만km²(세계 7위, 한반도 15배)
- 종　　교 : 힌두교 79.8%, 이슬람교 14.2%, 기독교, 시크교, 불교, 자이나교
- 언　　어 : 힌디어, 영어 등 22개 공식 언어
- 상징 꽃 : 연꽃
- 상징 새 : 공작새
- 상징나무 : 반얀(Banyan Tree)
- 국　　기 : 상부 1/3은 짙은 황색(saffron), 중간 1/3은 흰색(white), 하부 1/3은 짙은 녹색(dark green), 중간 흰색 중간에 수레바퀴 그림

* 최근 인도는 중국을 제치고 14억으로 세계1위가 되었다.

정치 현황

- 정부형태 : 의원내각제
- 의회구성 : 양원제
  - 상원 245석(임기 6년)
  - 하원 545석(임기 5년)
- 주요인사
  - 대통령 : 드라우파디 무르무(Smt. Droupadi Murmu)
  - 총   리 : 나렌드라 모디(Shri Narendra Modi)

경제 현황

- 총 GDP : 3.2조불('19년, IMF)
- 1인당 GDP : 2,338불('19년, IMF)
- 교역 : 7,815억불('19/20년, 상공부)
  - 수출 : 3,143억불
  - 수입 : 4,672억불
- 경제성장률(GDP) : 4.2%('19/20년, IMF)

- 산업구조 : 서비스업 66.8%, 제조업 19.2% 농업 14%

  * 주요산업 : IT산업, 통신, 섬유, 인프라, 건설업 등

우리나라와의 관계

- 수교일자 : 73년 12월
- 동포 현황 : 약 11,200명('19)
  - 재한인도인 : 약 10,000명('19)
- 입출국자 현황 : 약 29.2만명('19)
  - 한 → 인도 : 약 14.8만 여명
  - 인도 → 한 : 약 14.4만 여명
- 교역('19) : 207억불(수출 151억불, 수입 56억불)
- 투자 현황('19, 누계)
  - 한 → 인도 : 84억불
  - 인도 → 한 : 6.76억불
- CEPA(Comprehensive Economic Partnership Agreement

  : 포괄적 경제 파트너십 협정 체결(2009.8.7)

국가원수인 제14대 대통령 '람나르 코빈드'(1945. 10. 1일 생, 2017년 취임)는 불가촉천민(달리트) 출신이었다. 현재 15대 대통령은 여성으로 '드라우파디 무르무'(1958. 6. 20일 생, 2022. 7. 25 취임)이다. 대통령은 명예직이며 임기는 5년이고 10년까지 중임이 가능하다.

총리 임기는 5년이고 10년까지 중임할 수 있고 계속 연임이 가능하다. 현재 총리는 모디(Shri Narendra Modi, 2019. 5. 30에 중임으로 취임)이고 BJP(Bharatiya Janata Party)정당이 집권하고 있다.

환율은 인도 1루피(1 Rupee = 100 Paisa) 당 한화 약 17원이다.

종교분포는 통계자료마다 차이가 있으나 힌두 81.5%, 무슬림 11.2%, 기독교 2.7%, 시크 2.4%, 자이나 1%, 불교 0.7%이다.

전화 국가번호는 91이고, 전압은 220 v, 50 hz(한국 220/60)이다.

인도를 대표하는 관광지로는,

타지마할

1631~1648 무굴제국의 샤자한 황제가 사랑하는 아내를
추모하기위해 아그라에 세운 흰색 대리석 묘당으로 유네
스코 세계유산이다.

Red Fort

무굴5대 황제 샤자한이 세운 성으로 붉은 성이라 하고
델리에 소재하고 있다.

India Gate

1차 세계대전에서 전사한 9만 명의 병사를 위한 42미터
의 위령탑으로 델리에 소재한다.

바라나시

갠지스 강(힌디어로 '강가')에 소재한 도시로 화장터로
유명하다.

힌두교는 힌두인들이 믿는 종교라는 뜻이다. 힌두는 데칸고원과 히말라야 사이에 놓인 인더스 강과 갠지스 강 유역 일대를 가리킨다. 힌두교에는 3억3천만 개의 우상 신들이 있다 브라흐만(창조), 비슈누(유지), 시바(파괴), 하누만(원숭이 장군), 가네샤(지혜) 등이 있다. 부처도 왕도 비슈누의 현신(아바타)이며 힌두는 인도인들의 정신, 행동과 삶을 지배하고 있다.

시크

제자의 뜻으로 16세기 다낙에 의해 창시됐고 5가지 계율(머리카락 자르지 않는다. Knaparn이라는 칼을 차고 다닌다. '꺼차'라는 팬티를 입는다. '껑기'라는 빗을 가지고 다닌다. '꺼라'라는 팔찌를 차고 다닌다)을 지킨다. 유일신, 우상숭배와 카스트를 반대한다. 힌두교와 무슬림을 복합적으로 가지고 있으며 시크 경전이 하나의 우상이다.

인도의 역사(요약)

<u>BC 3300~BC 1700</u> *인더스 문명 : '모헨조다로' 청동기시대 고대도시 발견
*인류 4대문명의 발상지(나일/메소포타미아/황하/인더스)

<u>BC 1750~BC 1200</u> 철기시대 인도아리아인들의 침략. '베다'(힌두교경전)와 '리그베다'가 쓰여진 이후 카스트제도 형성(브라만 : 승려계급, 크샤트리아 : 무사계급, 바이샤 : 농민/상인계급, 수드라 : 천민계급, 달리트/하리잔 : untouchable로 부르는 불가촉천민). 브라만, 크샤트리아, 바이샤는 정복자인 아리아인이고 수드라 이하의 계급은 피정복인으로 토착주민들이다.

<u>BC 500~BC 400</u> 십육대국 : 카스트제도를 가지고 있는 브라만교에 대항한 자이나교(마하비라 창시) 및 불교(싯다르타 고타마 창시) 탄생

<u>BC 684~BC 424</u> 하리안카 왕국

<u>BC 321~BC 184</u> 마우리아 왕조 : 아쇼카 왕 사후 분열. 불교의 융성.

<u>BC 312~BC 63</u> 셀레우코스 왕국

<u>BC 200~AD 10</u> 인도 그리스

<u>BC 200~AD 400</u> 인도 스키타이

<u>AD 280~550</u> 굽타 왕조 : 인도북부 통일. 찬드라 굽타1세 및 2세 통치. 십진법 사용, 산스크리트 대서사시 작시, 힌두 미술 및 천문학 발전.

<u>AD 712</u> 우마이야 왕조 : 무하메드 빈 카심에 의해 편잡 정복 및 이슬람화

<u>AD 1206~1526</u> : 델리 술탄조

<u>AD 1526~1858</u> : 무굴제국(티무르 부계 + 징키스칸 모계인 바부르에 의해 건국). 2대 악바르에 의해 북인도 통일. 이슬람 세력. 1857년 세포이 항쟁. 영국에 의해 마지막 황제인

'바하두르 샤 자파드'의 버마 유배 및 1862년 사망(83세)

AD 1885 인도국민회의 : 72명 중에 3/4이상이 힌두교

AD 1905 영국에 의해 인도 벵갈 주의 분할(비하르/방글라데시) : 힌두교인들의 반대로 무효화

AD 1906 인도무슬림연맹 발족

1차 세계대전 중 : 인도인들의 영국에 대한 협조(약9만 명 사망). 영국의 자치권 약속 파기

AD 1919 :영국의 탄압정책 시작

AD 1925 : 간디의 불복종운동 시작(10월 2일은 간디 탄생일이고 국경일이며 인도 화폐의 인물)

AD 1930 : 국민회의 대표인 네루의 독립 요구. 간디의 소금행진(400 km)

AD 1930 : 힌두의 국민회의와 이슬람의 갈등. 아크발 주도

로 파키스탄 무슬림 지역 조직 구성. 암베르가드의 카스트 제도 모순 및 불가촉천민 차별제거운동 전개(계급별 인구 구성은 브라만 3%, 크샤트리아 6%, 바이샤 10%, 수드라 64%, 다리트/불가촉천민 17%이다)

<u>AD 1947.8.15</u> : 독립 및 인도와 파키스탄의 분할

<u>AD 1984</u> : 과격한 시크교도 퇴출을 위해 시크교의 성지 '황금사원(하리만다르)' 공격으로 600명 사망. 시크교도 경호원 2명에 의해 인디라 간디 수상 암살. 힌두교인들의 보복공격으로 수천명의 시크교도 사망

<u>2004년</u> : 맘모한 싱 총리(국민회의당) 취임

<u>2014년</u> : 나렌드라 모디(BJP) 총리 집권

위키백과에 의하면 인도의 역사는 기원전 약 3300년 무렵부터 기원전 1300년 무렵까지 인도아대륙에 최초로 등장한 고대 문명인 인더스 문명이 있었다. 인더스 문명은 기원

전 1900년까지 이어진 청동기 시대의 하라파 시기와 그 이후 철기 시대인 베다 시대로 구분된다. 베다 시대에 들어 힌두스탄 평원에는 십육대국으로 불리는 고대 도시 국가들이 세워졌다. 십육대국의 하나인 마가다에서는 기원전 6세기에서 5세기 무렵 자이나교의 창시자인 마하비라, 불교의 창시자인 싯다르타 고타마와 같은 사람들이 사문을 구성하여 활동하였다.

기원전 4세기에서 3세기 무렵 마우리아 왕조가 인도의 대부분을 정복하였다. 그러나 아소카 왕의 사후 마우리아 왕조는 크고 작은 여러 나라로 분열되었다. 이후 1500년 동안 인도 중부에서는 여러 왕국들이 성쇠를 거듭했다. 한편, 4세기 무렵 인도 북부에 출현한 굽타 왕조는 인도 북부와 동부까지 판도를 넓혔다.

AD 77년 무렵 케랄라 지역에서는 로마 제국과 무역을 하였다.

AD 712년 우마이야 왕조의 장군 무하마드 빈 카심이 신드와 펀자브를 정복하면서 이슬람이 인도에 들어오게 되었다. 15세기까지 지속된 이슬람의 인도 정복 결과 델리 술탄 왕조와 같은 이슬람 국가가 성립되었으며, 이후 16세기 이슬람을 신봉하는 무굴 제국이 세워져 19세기까지 지속되었다.

18세기부터 영국 동인도 회사와 프랑스, 포르투갈 등 유럽 열강의 식민주의 주도권 경쟁이 전개되었으나 결국 영국이 다른 경쟁국들을 전부 물리쳐 인도는 영국의 식민지가 되었다.

이후 인도인들은 세포이 항쟁과 같이 독립을 위한 투쟁을 계속하였다. 1947년 영국으로부터 독립할 때 건국 지도자들의 견해차가 벌어져 인도와 파키스탄이 분리되어 독립하였다.

힌디어는 한글과 같이 소리언어이다. 산스크리트 문자로 표기돼 있고 복잡하게 쓰지만 소리문자로 합쳐져서 단어를 형성한다. 우리말과 어순도 같다. 며칠 전에 남양주 엠센터에 가서 인도와 네팔에서 온 형제들을 만나서 인사를 나누었다. 내가 "나마스떼"라고 말하니까 네팔형제가 나에게 "저이 머시"라고 대답하면서 기독교식으로 인사를 한다. '나마스떼'는 힌두교식 인사로 인도와 네팔에서 공통적으로 사용되고 있고 '당신 안에 있는 신성을 존중한다'는 뜻이 있다고 한다. '저이 머시'는 '예수 승리'의 뜻을 가지고 있기 때문에 모두 "저이 머시"라고 반갑게 인사를 한다. 인도인들은 "저이 머시 끼"라고 한다.

- 안녕하세요? : 나마스떼
- 안녕하세요(존칭) : 나마스까르
- 기독교식 인사 : 저이 머시 끼(인도), 저이 머시(네팔)
- 감사합니다 : 단야밧/슈크리아
- 당신을 만나서 반갑습니다 : 압세 말까르 무제 꾸쉬 후이

- 좋아요 : 아차 해
- 나빠요 : 부라 해
- 네 : 한지
- 아니요 : 네히
- 실례합니다 : 크샤마 까렌/마프끼지에
- 다음에 또 봐요 : 피르 밀릉게
- 맛있어요 : 아차 카나 해
- 물주세요 : 빠니 디지에
- 더운 물 : 가람 빠니
- 차가운 물 : 탄다 빠니
- 얼마에요? : 이스까 담 끼뜨나 해?/끼트나 해?
- 너무 비싸요 : 보훗 멩가 해
- 깎아주세요 : 깜 까로나
- 도와주세요! : 바짜오!
- 화장실이 어디 있어요? : 토일렛까 끼따르 자나 해?
- 이름이 뭐에요? : 압까 남 꺄 해?
- 내 이름은 마야입니다 : 메라 남 마야 해
- 나는 한국인입니다 : 메 코리안 훙
- 아버지 : 삐따지

- 어머니 : 마따지

- 아들 : 베타

- 딸 : 베티

- 형제 : 바이

- 친구 : 도스트

- 몇 살이에요? : 압 끼뜨나 우므라 까해? 압 끼 우므르?

- 빨리 빨리 : 잘디 잘디

- 병원 : 아스파탈

- 경찰 : 풀리스

- 약 : 다왈리

- 식당 : 다바

- 숫자 : 1(엑) 2(도) 3(띤) 4(짜르) 5(빤치) 6(체) 7(삿뜨) 8(앗뜨) 9(노우) 10(다스) 11(갸라) 12(바라) 13(테라) 14(쵸다) 15(빤드라) 16(쏠라) 17(싸뜨라) 18(아뜨라) 19(운닛) 20(비스) 30(띠스) 40(짤리스) 50(빠차스) 60(쌀뜨) 70(싸따르) 80(아씨) 90(나베) 100(엑 소) 1000(엑 하자르)

힌두권 선교 세미나 강의1 : 힌두교 영향에 노출된 세계
힌두권 선교 세미나 강의2 : 요가와 그리스도인

　지난 2월 23일과 24일 이틀 동안 오랫동안 광릉내 엠센터의 인도 형제들을 섬기시는 조나단선교사님의 의미 있는 강의가 있었다. 인도에서 인도철학을 공부하신 분답게 해박한 지식과 경험으로 열강을 해주셨다. 힌두교와 요가에 대한 이해와 영적 의미에 대해 우리 기독교인들이 꼭 알아야 할 내용이었다.

　강의 내용을 유튜브(힌두권 선교 세미나 강의1 : 힌두교 영향에 노출된 세계 223023, 힌두권 선교 세미나 강의2 : 요가와 그리스도인 20230224)에 올려놓아서 앞으로 힌두권을 파악하는데 크게 참고할 내용이다. 강의에 의하면 우리는 무슬림들의 세계확장전략은 너무나 잘 알고 있는데 힌두교에 대해서는 너무 무지하다는 것이다. 알게 모르게 오랜 세월 우리 곁에 파고 들어온 힌두교의 영향에 우리는 노출되고 살아왔던 것을 인식하지 못하고 힌두교는 먼 나라 이야기로 생각하였다. 한국교회가 힌두권에 대해 잘 모르고 경계를 풀고 있는 사이에 우리 사회에 광범위하게 이슬에 젖

듯이 들어왔다는 것이다.

힌두교가 추구하는 것은 결국 범아일여(梵我一如) 즉 "신과 나는 하나다"라는 것이다. 인간은 신적존재이며 깨달음을 통하여 본래 죄 없는 선한 자아(ATMAN)를 찾아가는 것이다. 힌두교는 마치 용광로(melting pot)같아서 모든 것을 녹여 하나로 만든다. 모든 길이 신에게 이른다는 종교다원주의로 인하여 범신론, 창조의 신 브라만, 보존의 신 비슈누, 파괴의 신 시바의 삼신이 마치 기독교의 삼위일체론을 모방하고, 아바타가 성육신을 차용한다, 또한, 자유주의신학, New Age 등 혼합주의로 인해 모든 것이 녹아져 들어가 있다. 또한 힌두교는 자아를 찾아 헤매는 종교이다.

인도철학의 최고봉이라고 불리는 '우파니샤드' 철학에 나오는 요가(yoga)의 요그(yog)의 의미는 연결(connection), 통합(union), 합일(合一)의 의미이며 나와 신을 연결하는 것이다. 요가의 상징인 옴(om)은 3이라는 숫자를 상징으로 쓰고 있는데 이는 창조자, 보존자, 파괴자의 통합을 뜻한다. 옴이라는 발음을 길게 호흡하는 것은 온 우주의 신을 부르는 소리이기 때문에 중요하다고 한다. 요가는 건강을 위한 운동(exercise/sports)의 한 종류가 결코 아니다. 하나의 체계(system)이다. 바다에 녹아든 물 한 방울처럼 나는 사라지고 몰아(沒我)되어 신과 합일이 되는 것이다. 인간이 구원자이고 신이다. 영혼을 최고의 영역으로 이끄는 실천적인 과정이 요가인 것이다. 힌두교의 중요한 경전으로 일컫는 '바가바드기타'는 "모든 인간에게 이미 신이 있어 신과 합일할 수 있다"라고 가르친다. 요가는 단연코 건강을 위한 육체적 운동이 아니다. 금계, 권계, 체위법, 호흡조절, 감각조절, 집중, 명상, 삼매의 8단계를 통하여 윤회(삼사라), 업보(카르마)를 해결하고 해탈과 열반(니르바나)에 이르는 힌두교의 종교성이 녹아져 있는 수단이요 체계인 것이다.

요가는 힌두교의 문화이며 요가의 동작은 하나님의 계명과 인간의 존엄성을 거슬린다. 각종 동물, 식물, 사물, 태아 심지어 시체의 모습, 쟁기, 번개, 반달, 수레바퀴와 힌두교 우상의 모습과 동작을 모방한다. 이 모든 것을 통하여 신적인 내 자아를 찾아 신에게 가까이 가기 위한 것이다. 실용주의적인 생각, 나에게 도움이 되는 것이 선한 것이 결코 아니다. 점을 치는 행위도 바로 그런 것이다. 요가는 대속의 은혜를 부정하고 인간은 죄인이라는 것을 부정한다. 인간 스스로 구원자이고 신이기 때문이다. 따라서 요가의 전파는 힌두화의 과정이고 건강추구가 아닌 것이다. 힌두교 신자들은 불가지론자가 될 수 없다. 인간 스스로가 신이기 때문이다. 선악을 알게 하는 과일을 먹고 신과 같이 되려고 하는 원죄를 짊어지고 있는 태생적 교만주의에 빠져있는 종교이다.

불교가 들어간 곳은 이미 힌두화가 된 곳이다. 원시불교는 자아를 부정하고 힌두교를 거부하고 윤리를 강조했지만 차후에는 모두 인정했기 때문이다. 내가 깨달음을 통하여 부처가 될 수 있다는 것은 바로 자아가 신이 되는 것이기 때문이다. 이미 동 단위까지 침투한 요가는 지난 50년 간 10만 명 이상의 요가 강사를 배출했고 환생을 믿는 한국인이 많다고 한다. 미국의 어느 교회는 Holy yoga라는 이름으로 강좌를 열고 한국 교회에서도 요가를 개설하는 곳이 있다고 한다. 마지막 때에 우리는 깨어 기도해야 한다. 진리에는 타협이 없다. 교회 안에 힌두교에 대한 많은 전문가가 나와야 한다. 힌두권을 향한 하나님의 사랑을 전하는 동역자들이 많이 나와야 한다.

　조나단 선교사는 인도에 갈 때마다 해리를 만나고 온다. 힌두권의 종교성과 문화를 너무나 잘 알고 인도인들이 기독교인이 된다는 것이 너무 어렵다는 것을 알기에 해리가 가정교회를 개척했을 때 해리에게 질문을 던졌다고 한다. "형제님은 어떻게 예수를 믿게 됐나요?" 해리의 대답은 단순명료했다고 한다. "I saw love!". "나는 사랑을 봤습니다." 그러나 그 의미는 단순하거나 가볍지 않다. "나는 하나님의 말씀 속에서 예수님의 사랑을 봤습니다. 십자가에서 우리의 죄를 용서하시기 위해 죽으시고 부활하신 주님의 사랑을 봤습니다." "나는 한국에 있을 때 나를 위해 섬겨 주시고 사랑을 베풀어 주신 사역자들을 통해서 예수그리스도의 사랑을 봤습니다." 언젠가 인도에서 그와 얘기를 나눈 적이 있다. "해리, 인도가 변하려면 어떻게 해야 돼?" 나의 질문에 그는 이렇게 답했다. "예수그리스도를 믿어야지요 힌두교의 우상을 버리고 살아계신 하나님을 믿어야지요 그리고 카스트가 없어져야지요 하나님 앞에 모두 평등하게 나와야지요 우리 모두는 하나님께서 사랑하시는 자녀잖아요."

내가 경험한 인도인의 삶

비록 몇 번에 거쳐 인도에서 그들과 함께 살아보며 겪은 몇 가지는 첫째 인도는 현재도 대가족제도를 유지하고 있다는 것이다. 3~4대가 자연스럽게 모여살고 있다. 많은 마을에 똑같은 집이 3~4채가 들어선 모습이 눈에 많이 띤다. 물어보면 아들 세 명에게 똑같은 집을 지어주고 부모와 가까이 살고 있다는 것이다. 둘째는 가부장제도가 존속하고 있다. 아버지가 최고의 어른이며 최종의 의사결정권자이다. 세째로 힌두교가 지배하는 삶이다.

암발라에 사는 형제는 한국에 있을 때 부대찌개를 그렇게 좋아했다. 몇 개의 음식점에 랭킹을 매기고 먹으러 다녔다. 그런데 인도에 돌아가서는 주변에 교회가 없기 때문이기도 했지만 다시 힌두교로 돌아가 있었다. 한국에서 부대찌개 재료를 구입해서 가져갔는데 그 형제는 다시 채식주의자가 돼 있어서 먹지도 못하고 아까운 김치와 재료를 들에 버리고 말았다. 한국에서 닭갈비를 좋아하던 인도 형제들도 돌아가서는 육식을 멀리한다. 결국 차세대들에게 희망이 있다. 인도 선교는 차세대에 집중할 필요가 있다. 인도인들이 가지고 있는 강한 종교성을 변화시키는 것은 그들이 가지고 있는 구조적인 불합리성을 타파하는 것이다. 오직 십자가의 사랑만이 그들을 이끌어 낼 수 있다. 행위종교의 생각을 바꿔야 한다. 종교적 힌두교에서 문화적 힌두교로 전환하는 전략도 필요하다.

인도인들은 경로사상이 높다. 발목 잡는 인사법이 말해준다. 인도인들은 상업적 기질과 수완이 많다. 혀를 내두를 정도이다. 아이들에게 선호하는 직업이 무엇이냐고 물어봤다. 남자아이들은 IT분야, 군인, 교사, 공무원들이 되고 싶다고 한다. 여자아이들은 배우, 가수, 댄서가 많다. 마살라 영화에 나오는 댄서들이 돈을 잘 번다고 한다.

내가 첫 번째 인도를 방문했을 때 암발라 형제의 외삼촌을 만난 적이 있었다. 형제 제수의 언니집도 가까워서 동네 사람들과 함께 20여 명이 이런 저런 얘기를 한참동안 나눴다. 한국에 대한 궁금증도 많고 서로의 문화적인 차이도 나누고 아무튼 재미있게 교제를 했다. 이제 헤어질 시간이 됐는데 형제의 외삼촌이 힌디어로 한참을 얘기하더니 마지막으로 "못갑니다"라고 하는 것이다. 내가 듣기에 분명 한국말이었다. 한국어를 전혀 할 줄 모르는 사람이 나에게 못 간다고 하다니 헤어지기가 무척 섭섭했나보다 생각하고 형제에게 외삼촌이 나에게 못 간다고 말했냐고 물었다. 처음에는 내 말을 못 알아듣더니 외삼촌에게 묻는 것이다. 외삼촌이 "못갑니다"가 아니고 "못감밀레가"라고 말했다고 한다. 그 의미는 다음에 꼭 다시 만나자는 뜻이라고 한다. 내가 한국말로 알아들었다고 하면서 '섭섭하니 못 간다'는 뜻과 '다음에 꼭 다시 보자'는 의미가 일맥상통한다고 하니까 모든 사람들이 박장대소를 하면서 한참동안 웃었던 기억이 있다. 한국에 돌아와서 인도인들에게 이때 얘기를 하면 참으로 재미있어 한다.

힌디어를 쓸 때 글자의 밑 부분을 단어나 문장 전체를 표기하고 윗부분에 일직선을 긋고 필요한 점과 표식을 넣어 완성한다. 세계적으로 배우기가 어려운 언어 중에 하나라고 한다. 그래도 필요한 몇 가지 힌디어를 배우고 현지에 가서 몇 마디 하면 인도사람들이 너무 좋아한다. 그리고 인도에 가기 전에 반드시 크리켓에 대하여 공부하고 가면 대화가 통한다. 그들 스스로 인도는 CCC라고 한다. Cricket Crazy

Country(크리켓에 미친 나라)이다. 두 번째 방문했을 때 영연방들이 모인 크리켓 국제대회가 있었다. 인도가 시합하는 날은 북적이던 거리마저 한산하다. 삼삼오오 텔레비전 앞에 모여서 경기를 보기 때문이다. 한참 전에 인도의 국가적인 여배우가 파키스탄의 유명한 크리켓 선수에게 시집을 간 일이 있었다. 인도인들의 분노와 탄식이 하늘을 찔렀다고 한다. 세계적으로 인근 국가들과의 선린관계가 좋은 나라들은 거의 없는 것 같다. 그러나 인도와 파키스탄의 관계는 아마 최악 중에 하나일 것이다. 그러니 두 나라 간의 결혼은 로미오와 줄리엣 양가의 결혼만큼 어려운 것이지만 그들은 모든 것을 뛰어넘어 지금도 행복하게 잘 살고 있다.

네팔 개관

(주 네팔 대한민국대사관 홈페이지 인용)

일반사항

- 국가 공식 명칭 : 네팔 연방 민주 공화국(Federal Democratic Republic of Nepal)
- 지역 : 중국과 인도사이의 남아시아
- 수도 : 카트만두(Kathmandu)
- 인구 : 약 3,100만 명
- 면적 : $147,181km^2$(한반도의 2/3)
- 언어 : 네팔어
- 시차 : 우리시간 -3:15
- 민족구성 : 아리안족(80%), 티벳·몽골계(17%), 기타소 수민족(3%)
- 고도 : 59~8,848미터(에베레스트 산)

- **국가 통치 체제** : 공화국으로 복수 정당을 갖춘 민주 국가이며 선거를 통해 임명된 총리가 집행 의장으로서 의회를 책임진다. 2015년에 신헌법을 공포하였다.

- **언어** : 데바나가리 문자로 쓰여 진 네팔어(비즈니스에는 영어가 널리 쓰임)

- **종교** : 힌두교(81.3%), 불교(9%), 이슬람교(4.4%), 키라트(3.1%), 기독교(1.4%: 현재 4%로 주장하는 통계도 있음)

- **지형**(남부에서 북부까지)
  - 평원지역(Terai) : 고도 59~700미터
  - 구릉지역(Hilly) : 고도 700~3,000미터
  - 산악지역(Mountain) : 고도 3,000~8,848미터

- **통화** : 네팔 루피(NPR)
  1달러(USD) = 132 네팔 루피(NPR)
  1인도 루피(INR) = 1.6 네팔 루피(NPR)
  1네팔 루피 = 10 한국 원화(KRW)

- 국제 다이얼 통화 코드(ISD Code) : + 977

- **기후**
  - 평원지역(Terai) : 열대성 / 아열대성

– 구릉지역(Hilly) : 중간 정도

  – 산악지역(Mountain) : 아고산대 / 고산대

- **주요도시** : 카트만두, 비랏너걸, 러릿풀(파탄), 포카라, 빌건즈, 다란, 네팔건즈

- **천연자원** : 쿼트, 물, 목재, 구리, 코발트, 철광석, 경치

- **주요 농작물** : 쌀, 옥수수, 밀, 사탕수수, 근채작물, 콩류

- **주요 수출품** : 의류, 콩류, 카페트, 직물, 주스, 주트상품

- **주요 수입품** : 석유제품, 기계와 장비, 금, 전자제품, 약품

정치현황

- **정치형태** : 내각책임제(총리가 행정수반)

  ※ 대통령은 국가원수로서 의전적 역할 주로 수행

- **의회구성** : 양원제(총 334석)

  – 상원 : 59석

  – 하원 : 275석

- **주요인사**

  – 대통령 : 람 찬드라 파우델(Ram Chafra Poudel, 1944. 10. 15일생, 2023. 3. 13 취임). 대통령 임기는 5년이고 중임이 가능하다.

- 총　　리 : 푸쉬파 카말 다할(Pushpa Kamal Dahal, 1946. 6. 13일생, '22. 12. 26 취임). 임기는 5년이고 현재 집권당은 네팔공산당(마오주의 센터)이다.

경제현황(2021/22회계연도)

- GDP : 401.5억불
- 1인당 GDP : 1,372불
- 경제성장률(GDP) : 5.84%
- 교역 : 175.5억불
  - 수출 : 16.6억불 / 수입 : 158.9억불
  ※ 인도가 수입의 63%, 수출의 75%를 차지, 인도에 지나치게 의존
- 산업구조
  - UN 지정 최빈 개도국으로 경제는 주로 농업과 관광 및 해외송금에 의존
  ※ 출처 : 네팔중앙은행, 네팔중앙통계청

1974. 5월 외교관계 수립

* 교역 : 4,170만불('22년)

  (수출 3,700만불/수입 470만불)

  ※ 출처 : 한국무역협회
* 투자 현황('22) : 2.17억불(신고액기준, 누계)

  ※ 출처 : 산업자원통상부·한국수출입은행
* ODA(Official Development Assistance)현황 : '89-'20

  년간 2억 5,507만불

  - '20년 지원실적 : 1,613만불

  ※ 출처 : OECD

네팔(The Federal democratic Republic of Nepal)의 역사

네와르(Newar)민족에서 네팔 유래

<u>BC 2500</u> 티베트-버마 계통인 정착

<u>BC 500</u> 남부네팔 작은 왕국 형성. 싯다르타 고타마. 석가모

니의 실질적 탄생지는 네팔 영토 내에 있음.

BC 250 인도 마우리아 제국(찬드라 굽타 왕)의 지배 받음
(인도남부 제외 인도 전역, 네팔, 아프간 일대) : 알렉산더,
셀레우코스 침공 저지

AD 300 인도 굽타 왕국 지배에 들어감

AD 400~750 리차비 왕국(카트만두, 네팔 중부 지역 지배)

AD 700 리차비 쇠퇴. 티베트인 즉 네와리의 시대 재개

AD 1000 포카라를 비롯한 여러 지역이 네와리 지배하에
들어감

11세기 말 인도 찰루키야 제국을 물리치고 '말라' 왕들에 의
해 200년 동안 네팔 지배. 20개 왕국의 명멸

14세기 말 자야스티티 왕조 출현. 네팔 중부 통일

1482 카트만두, 파탄, 박타푸르로 분열

<u>18세기 중반</u> 영국 식민주의 군대의 구르카용병으로 유명한 고르카족 왕 '프리드히 나라얀 샤'가 인도에서 들여온 무기로 정복전을 전개하여 히말라야 북부까지 진출했으나 청나라에 밀려 히말라야 남쪽으로 축소

<u>1815~1816</u> 네팔과 영국 간 전쟁. 패배했으나 구르카의 용맹을 인정한 영국에 의해 용병으로 영국에 이용당하여 영국의 피지배민족 학살 참여

<u>1846</u> 네팔 왕정 내 분열. 군벌의 하나인 '비하두르 쿤와르'에 의해 '라나' 왕조 시작. 1,2차 세계대전 시 영국 적극 지원

<u>1923</u> 영국과 우호협력 체결

<u>1950</u> 중국의 티베트 점령. 지속적인 왕실과 정부 간에 권력 투쟁

<u>1959~1989</u> 마헨드라 국왕 시절부터 정당 없는 의회인 '판차야트' 체제

<u>1991</u> 비렌드라 국왕. 개헌에 의해 다당제 선거 실시

<u>1990년대 중반</u> 마오주의 공산당과 반군의 득세. 정부군과의 전쟁으로 12,000명 이상 사망

<u>2001. 6. 1</u> 디펜드라 왕세자에 의해 키렌드라 국왕, 아이스와리아 왕비 및 왕실 일가족이 몰살당함. 본인 자살(결혼반대의 사유라고 하지만 밝혀진 바 없음)
결과, 비렌드라 국왕 동생 '갸넨드라' 즉위

<u>2007. 12</u> 민주화 요구에 의해 왕조 폐지. 공화국으로 가는 법안을 의회에서 만장일치 통과

<u>2008. 4</u> 제헌의회 선거에서 마오주의 네팔공산당 승리

<u>2008. 5. 24</u> 564명 중 560명 찬성으로 공화국이 됨. 240년 라마 왕조의 종말. 15일후 '나라얀히티' 왕의 왕궁 퇴거 및 박물관으로 변함

<u>2008. 8. 15</u> 마오주의 지도자 '프라찬다' 총리 취임. 공화정으로 이행

<u>2009</u> 연립정부 와해

<u>2011</u> 신정부 와해

<u>2014. 2</u> 주요정당의 제헌의회 소집 합의. 코이랄라 총리 취임. 지진(2015.4.25, 진도7.8, 8,500명 사망)으로 모든 정치 일정 중단

인도와 네팔의 대표적인 음식들

● 로띠(Roti)

대개 밀가루 반죽을 납작하게 밀어서 구워낸 빵으로 짜빠티(Chapati), 파라타, 난을 통칭한다. 짜빠티와 로띠는 사실상 동일한 것으로 봐도 무방하다. 로띠, 짜파티는 통밀가루를 사용하고 카레(커리), 사부지(볶음채소), 아짜르(피클)과 함께 먹는다.

● 파라타(Paratha)

로띠와 마찬가지로 반죽을 해서 굽는다. 대개 기라고 하는 버터를 사용해서 굽는다. 속에 감자나 채소를 넣어서 굽고 한 끼 식사대용으로 훌륭하다.

- 난(Naan)

  난은 정제된 밀가루를 사용하고 로띠나 짜빠티보다는 좀더 고급진 음식이고 탄두리라고 하는 화덕에서 굽는다. 아무것도 바르지 않은 플레인(Plain) 난, 버터를 바른 버터 난, 마늘을 바른 갈릭(Garlic) 난 등이 있다. 음식점마다 난을 만드는 비법이 있어 영업비밀로 하는 경우가 많다.

- 뿌리(Puri)

  뿌리는 로띠를 기름에 튀긴 것이라고 할 수 있다. 뿌리는 축제나, 결혼식, 뿌자 등 특별한 때에 주로 먹는다.

- 탈리(Thali)

  탈리는 쟁반이라는 뜻으로 하나의 쟁반 속에 밥이나, 로띠, 반찬들, 요거트를 담아서 준다. 우리나라로 말하면 백반정식이다.

- 사모사(Samosa)

  애피티이저로 먹는 음식으로 재료는 감자, 양파, 각종 야채와 향신료를 넣고 튀긴 음식이다. 대표적인 길거리

음식으로 사모사를 잘 하는 집에 길게 줄을 서 있는 모습을 흔히 볼 수 있다. 만드는 과정이 복잡하고 시간이 많이 걸린다. 해리가 만든 사모사의 맛은 최고다.

- 치킨 마카니(Chicken Makhani)

약간 매콤한 북인도 지방의 대표적인 카레의 종류로 버터 치킨으로 알려져 있다. 각종 향신료, 생강, 마늘, 닭고기, 토마토 소스, 크림, 버터, 요거트 등이 들어간다. 같은 양념에 새우가 들어간 프론(prone) 마카니, 소고기가 들어간 비프(Beef) 마카니, 콩으로 만든 달(Dal) 마카니가 있다. 인도 현지식당에서 비프 마카니는 없고 무슬림 식당에 가야 먹을 수 있다.

- 치킨 빈달루(Chichen Vindaloo)

포르투갈 음식에서 유래한 남인도 지방의 카레로 식초, 마늘, 각종 향신료, 닭고기, 토마토 소스, 양파, 고추에 닭고기를 넣어서 만든 음식이다. 닭고기 대신에 양고기를 넣은 램(Lamb) 빈달루, 소고기를 넣은 비프 빈달루도 있다.

- 팔락 파니르(Palak Paneer)

  생치즈(Paneer)와 시금치(Palak)를 가지고 만든 시금치 카레이다. 시금치가 들어간 녹색의 카레로 채식주의자들이 좋아하는 음식 중에 하나이다. 시금치가 많이 필요하고 시간도 많이 걸린다.

- 알루 고비(Aloo Gobi)

  감자(Aloo)와 커리플라워(Gobi)를 재료로 하는 채식카레이다, 강황, 생강, 마늘, 향신료가 들어간다. 밥 또는 난과 함께 먹는다.

- 탄두리 치킨(Tandoori Chicken)

  탄두리는 북인도 지방의 대표적인 음식으로 화덕(탄두리)에서 구워낸 닭고기이다.

- 비리야니(Biryani)

  쌀, 버터, 양파, 강황과 여러 향신료를 넣어 만든 인도식 볶음밥이다. 야채 비리야니, 치킨 비리야니 등이 있다.

- 라씨(lassi)

  인도 요거트인 다히(Dahi)를 베이스로 만드는 음료수
  이다. 플레인 라씨, 솔티(Salty) 라씨, 망고 라씨 등이
  있다.

- 짜이(Chai)

  홍차, 우유, 설탕, 생강, 계피, 정향, 향신료를 넣어 끓
  여서 만드는 음료이다. 마살라 짜이라고도 한다. 밀크
  티에 향신료가 들어간 맛이다.

힌두교의 대표적인 신들

　인도의 원주민인 드라비다인들에 의한 인더스문명과 아리아인들의 침입으로 인해 만들어진 베다문명의 결합은 비록 뿌리가 다르지만 수많은 신들을 양산했다. 그리고 그 신들은 인도인들의 삶의 방식, 문화, 관습 등 모든 것을 지배하고 있다. 수레바퀴가 달린 마차로 대변되는 철기문화의 아리아인들은 힘으로 드라비다인들을 지배할 수는 없었다. 서로 동화되며 통치를 위해 새로운 계급사회를 구축하며 새로운 문화를 만들어 냈다. 힌두교에는 불가지론자가 없다. 오직 신을 믿으며 그 자신이 신이기 때문이다. 힌두교의 중요한 신들 즉 브라흐마, 비슈누, 시바가 있다. 이 세 신은 다른 모든 신들의 원천이고 뿌리이다. 브라흐마와 비슈누는 베다문명에서, 시바는 인더스문명에서 발생했다고 한다.

브라흐마

창조의 신으로 일컬음을 받는 브라흐마는 비슈누의 배꼽에 있는 연꽃 속에서 태어났다고 한다. 브라흐마는 세상을 만들면서 인간의 조상 열한 명과 일곱 명의 현자를 만들었다고 한다. 창조의 신이 다른 신의 배꼽에서 나왔다는 발상자체가 재미있다. 창조의 신은 이제 창조를 끝내고 할 일이 없다고 한다. 그래서 다른 신들보다는 인기가 없다고 한다. 인도의 어느 주에서만 큰 숭배의 대상이라고 한다.

비슈누

현상유지의 신으로 알려져 있다. 비슈누는 화신(아바타)이 많다. 10개의 화신들, 즉 물고기, 거북이, 멧돼지, 사자, 난쟁이, 도끼를 든 라마, 라마야나, 크리슈나, 붓다, 칼킨이다. 도끼를 든 라마의 이야기에서는 원숭이 하누만 장군이 나온다. 가장 인기 있는 신은 크리슈나라고 한다. 사냥꾼이 실수로 쏜 화살에 의해 그의 유일한 아킬레스건인 발꿈치에 맞아서 죽는다는 이야기를 갖고 있는 신이기도 하다. 붓다는 부처인 석가모니를 가리킨다. 붓다도 비슈누 화신 중에 하나이다. 열 번째 화신인 칼킨은 아직 오지 않은 미래에 올 신이라고 한다.

시바

파괴의 신. 베다의 폭풍신 '루드라'의 별명을 가진 신으로 시바는 사납고 파괴적인 이미지와 동시에 자비로운 의술신으로서의 여러 면모를 가지고 있다. 이는 드라비다인들이 믿었던 토착신에서 유래된 것으로 추측된다. 파괴자, 재건자, 위대한 고행자, 분노로 가득찬 복수의 신, 우주적인 춤을 추며 삼라만상의 윤회를 주관하는 복잡한 속성을 지닌 신이다. 비슈누와 더불어 힌두교인들로부터 많은 인기를 얻고 있다고 한다.

위에 열거한 신들을 하나하나 설명하려면 책 한권으로도 모자랄 것이다. 인간사의 희로애락이 모두 녹아들어가서 이야기가 꾸며졌기 때문이다. 극적인 반전이 있고 종국에는 해피엔딩으로 끝나기 때문이다. 그래서 인도인들은 자기가 좋아하는 신의 이름을 당당하게 밝힌다. 선거의 유세 팜플릿에도 현수막에도 자기가 숭배하는 힌두교 신을 적어 놓는다. 힌두교가 범신론이라고 하지만 따지고 들어가면 힌두교 신만을 믿으라는 포괄주의 종교이다. 타 종교를 인정하는 것 같지만 종국에는 자기 것만 인정하는 철저한 배타적인 종교이다. 오히려 기독교를 배타적인 종교라고 탄압하는 경우가 허다하다. 구원자가 없기에 힌두교인에게 죄인은 없다. 결국 잘못된 종교가 하나님으로부터 인간을 더 멀리 가도록 만든다.

인도 및 네팔 아웃리치를 다녀와서(온누리신문 게재)

"보내심을 받지 아니하였으면 어찌 전파하리요 기록
된 바 아름답도다 좋은 소식을 전하는 자들의 발이여
함과 같으니라"(롬10:15)

남양주 C공동체를 중심으로 한 17명의 '아름다운 발'팀
은 2월 20일부터 2월 28일까지 7박9일 동안 인도와 네팔을
다녀왔다. 그들이 신들이라고 부르는 3억3천만 개의 우상을
믿는 힌두교의 나라들, 10/40 window에서 가장 많은 미전
도종족의 숫자와 인구가 많은 곳, 특히 우리가 방문했던 북
인도의 암발라, 쿠룩쉐트라, 이스마일라바드 지역은 복음률
이 거의 제로인 예수님을 모르는 곳이다.

선교사의 무덤이라고 불리는 북인도 지역은 유난히 힌두
교가 강한 곳이다. 어느 선교사님이 말하기를 인도는 종교
적 힌두교를 믿는 곳이고 네팔은 문화적 힌두교를 믿는 곳
이라고 한다. 그만큼 선교가 어려운 곳이 인도이기도 하다.

우리는 한국에서 근로자로 있다가 남양주캠퍼스에서 신
앙생활을 했던 형제자매들과 현재 남양주에 거주하면서 남

양주 온누리미션에 출석하고 있는 형제자매들의 가정을 방문하기로 했다. 모두 아홉 가정을 방문해서 함께 기도하며 교제를 나누었는데 어느 가정을 가던지 정성껏 다과를 내오고 인근 일가친척들과 동네 주민들이 모두 모여 환영하는지 참으로 가는 곳마다 잔치집이 되었다. 우리가 준비해 간 '좋으신 하나님'을 힌디어로 부르면서 그들에게 예수님의 이름을 각인시켜 주었다.

우리가 처음 방문한 형제의 집은 토지를 많이 가지고 있는 부유한 집이다. 그 형제가 한국에 있을 때 "당신네 나라는 원숭이도 소도 그리고 사람이 만든 수많은 것들을 신이라고 하는데 과연 그러한 신들이 형제에게 무슨 유익을 주고 있는가"라는 질문에 아무 말도 못하고 다음날 교회에 와서 예수님을 알고 싶다고 하면서 몇 달 후에 세례를 받았던 기억이 있다.

인도에 돌아가서 주변에 교회가 없어서 지속적인 신앙생활을 못하고 있는 것이 참으로 안타까웠다. 요리사까지 동원해서 점심식사를 대접하는 모습에서 참으로 정이 많은 인도사람의 품성을 느끼는 시간이었다. 두 번째 세 번째 가는 집마다 과자와 음료수와 음식물을 내오고 한국에 있는 형제들을 실시간 핸드폰 영상으로 연결해서 인사하며 참으로 유쾌하고 뜻 깊은 시간을 보냈다. 원래 2~3곳만 방문해서 주변에 살고 있는 형제들이 한 곳에 모이기로 돼 있었는데 모든 형제들이 자기 가정을 방문해야 한다고 해서 아홉 가정으로 늘어났다.

우리 팀의 가장 연소자는 담당목사님이었고 평균연령 65세로 구성된 실버 선교팀이었지만 피곤한 가운데서도 기쁨으로 은혜로 모든 가정을 심방하였다. 특히, 몸이 아픈 형제는 꼭 자기 집에 와서 기도를 해달라는 부탁을 해서 60킬로를 갔다가 다시 와서 그 가정을 방문해 기도를 해 주었다.

첫 번째로 들른 형제는 작년 연말에 귀국한 신실한 믿음의 동역자이다. 고향에 돌아와서 산 자동차의 뒷 유리창에는 커다란 십자가와 함께 'Jesus loves you'를 크게 써 붙이고 다니면서 자기 집의 2층 옥상에 가정 교회를 세우고 싶어 하는 형제이다. 맛있는 점심식사를 준비해 줘서 일가친척과 동네에 세례 받은 형제들을 부르고 그의 아내는 친구들까지 초대해서 함께 찬양하며 기도하며 예배드리는 초대교회같이 아름다운 교제를 나누는 시간을 보냈다. 50여명이 함께 기뻐하며 말씀을 나누는 작은 천국의 교제 시간이었다.

어느 장로님이 말씀하시기를 콩 시루에 물을 주면 콩나물이 자라지 않는 것처럼 보이지만 어느 날에 보면 크게 자라 있는 것처럼, 한국에서 우리가 섬기는 인도 형제들의 믿음이 이렇게 크게 커 간 것을 몸소 체험하고 있다고 하신다. 한국에 돌아가서도 이 형제의 꿈을 함께 이루어 가도록 기도하며 협력해야겠다는 생각들을 모두 하였다.

"나는 심었고 아볼로는 물을 주었으며 오직 하나님께서 자라나게 하셨나니"(고전3:6). 우리가 한국에서 M선교를 통해 그리고 이곳에서 뿌린 복음의 씨앗이 이러한 형제들에 의해 많은 이들에게 물을 주어서 성령님께서 풍성하게 열매 맺도록 역사하시기를 기도한다.

네팔로 떠나는 날 우리는 뉴델리에 있는 교회에서 현지인들과 함께 예배를 드렸다. 수고하시는 선교사님들을 위로하며 그들을 통해 하나님의 나라가 크게 확장되기를 한마음으로 기도하였다.

네팔에서는 한국에 있다가 귀국하거나 한국에 있는 형제 자매들의 가족을 모두 한 곳으로 초청해서 함께 예배드리며 기도한 후에 애찬을 나누며 교제하는 시간을 가졌다. 한 사람 한 사람 에게 교회에 나가도록 권면하고 선물을 주고받으며 뜻 깊은 나눔의 시간을 가졌다. 최근까지 남양주에서 동역했던 벤자민목사를 만나 그가 섬기는 교회를 방문해서 교회부흥을 위해서 기도하며 주 안에서 아름다운 교제를 하는 시간이었다.

네팔에서 가장 인상 깊었던 시간은 Mountain Flight이었다. 쌍발 프로펠러 비행기를 타고 약 30분 동안 설산으로 뒤덮인 히말라야 산맥 위로 날아 저 멀리 있는 에베레스트, 안나푸르나, K2 등 8,000미터가 넘는 산들을 바라보며 위대하신 하나님의 창조세계를 경험하는 것이다. 인도에서 본 '타지마할'이 인간이 만든 가장 크고 아름다운 무덤이었다면 히말라야는 하나님이 만드신 아름다운 자연의 창조물인 것이다.

인도와 네팔로 떠나기 전에 가장 우려했던 것은 남양주 아웃리치 최고령(?) 팀의 건강문제였고 다음에 걱정되는 것은 음식문제였다. 북경보다 더 심한 뉴델리의 오염된 공기와 장거리를 다녀야 하는 빡빡한 일정, 그리고 한국 사람들에게는 잘 맞지 않는 음식으로 7박9일 간의 일정을 소화할 수 있을지 걱정이 많았다.

자청해서 팀장을 맡았지만 인도와 네팔을 두 번씩 와봐서 나름대로 이러한 사정을 알고 있는 나에게는 큰 도전이었다. 그러나 이것은 한낱 기우였다. 어느 누구도 고추장과 김치를 꺼내는 분들이 없이 음식을 잘 드시는지 꼭 현지인들 같았다.

모두 1,000킬로가 넘는 장거리 버스 운행에도 어느 한 분도 불편한 기색 없이, 또한 크게 아픈 분들 없이 다니시던지 놀라울 따름이었다. 어느 장로님은 지금까지 아웃리치를 수도 없이 다녀봤지만 이번이 아웃리치다운 아웃리치였다고 말씀하신다.

'아름다운 발'팀으로 불러주시고 아름다운 주님의 발자

취를 남기게 해 주신 하나님께 모든 영광을 올려드린다. 예수님 다시 오실 때까지 선교의 열정을 가지고 주신 사명을 잘 감당하기를 결단한다.

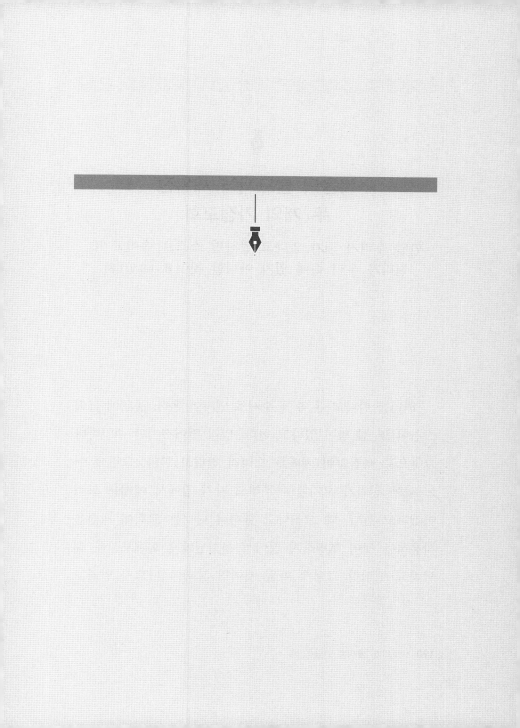

복음의 불모지에 세워진
두 개의 가정교회

만일 우리가 죄가 없다고 말하면 스스로 속이고 또
진리가 우리 속에 있지 아니할 것이요 (요일1:8)

해리를 만나고 온 후에 수시로 연락이 온다. 동네에 크리
스천이 몇 십 명이 있다고 한다. 멀리 떨어졌지만 주일마다
그곳으로 빠짐없이 예배를 드리러 간다고 한다. 그런데 어
느 날에 전화가 오기를 아무래도 자기 집에서 예배를 드려
야겠다고 한다. 왜 그러냐고 했더니 다니는 교회에 재정을
사용하는 것이 투명하지 않아서 목사님에게 회계보고를 해
달라고 했더니 그렇게 따질 것이면 교회에 나오지 말라고

한단다. 어이가 없어서 안 나가고 있는데 교회 없이 설교하며 다니는 신실한 목사님 한 분을 알고 있어서 그 분에게 예배인도를 부탁하면 된다고 한다. 그리고 자기는 신학공부를 시작하겠다고 한다. 집 2층 옥상에 천막으로 공간을 만들어서 예배를 드리면 된다고 한다.

그렇게 해리 집에서 가정교회가 시작됐다. 가족들과 주변 아내의 친구들이 한두 명씩 나오기 시작하더니 30여 명이 되었다. 공간이 좁아서 더 이상 수용할 수가 없는 지경에 이르렀다. 할 수없이 옆 동네에 또 하나의 가정교회를 세웠다. 약 25명이 출석을 한다. 하나님이 역사하시는 방법도 참으로 특별했다. 잘못된 교회의 행정을 통하여 두 개의 가정교회가 탄생하였다.

해리가 온라인으로 신학공부를 시작했다. 그리고 그 주에 설교할 내용을 배우기 위하여 주중에는 현지인 목사를 찾아갔다. 가정교회를 함께 시작했던 목사는 멀리서 버스를 타고 주일마다 해리 집으로 와서 설교를 했다. 드디어 해리가 목사안수를 받았다. 그리고 지역 노회에도 가입했다.

어느 날 예배공간이 작아서 2층 옥상을 막고 예배당을 만들면 좋겠다고 연락이 왔다. 가족 카톡방에 이 내용을 아내가 올렸더니 아들과 며느리가 친정집 카톡방에도 올린 모양이다. 사돈들까지 참여해서 필요한 건축비가 만들어졌다. 30여 명이 예배드릴 수 있는 훌륭한 공간이 만들어졌다. 하나님께서는 공간이라는 개념과 장소를 창조하셔서 우리가 공동체로서의 삶을 함께 영위하게 하신다. 시간과 공간은 제약이 전제된 개념이지만 시공간을 초월하시는 하나님의 능력은 우리가 그 시간과 그 공간에서 아름다운 교제와 사랑을 나누게 하신다.

해리의 아내는 바느질을 잘해서 인도 전통 옷을 참 잘 만든다. 아내도 인도에 갔을 때 지어 준 옷을 한 벌 선물로 받아왔는데 바느질 솜씨가 보통이 아니다. 동네에서도 소문나서 많은 사람들이 옷을 지으러 온다. 그중에는 친구들도 많아서 자연스럽게 전도대상들이다. 해리는 한 사람 한 사람 전도를 시작했다.

내가 인도에 갔을 때 힌두교 사당으로 인도했던 어머니를 비롯해서 형수와 제수 그리고 해리 아내의 친구들 그리고 동네 사람들을 전도했다. 해리는 다양한 물건을 판매하는 체인점의 대리점을 하고 있는데 인도에서 제일 큰 회사로 판매하는 종류가 매우 많다. 비타민부터 차, 식품 , 비료까지 온갖 종류의 생활필수품을 생산 유통하는 회사의 대리점이다. 동네 사람들이 물건을 구입하러 오면 이 또한 전도 대상이다. 이렇게 모인 사람들이 모두 50여 명이 된 것이다.

코로나로 인해 모이기 힘들었을 때에는 밀가루와 설탕 등 각종 식품류를 구입해서 전달하고 계속적으로 연결의 끈을 놓지 않았다. 아웃리치 팀에서도 얼마를 보냈다. 쌀과 밀가루, 설탕, 마스크와 몇 가지 필요한 물품을 사서 어려운 성도들에게 전달했다고 한다. 감사의 편지와 함께 물품을 전달하는 사진을 보내왔다.

"나를 따르지 않는 어떤 자가 내 이름으로 귀신을 내쫓을 지라도 금하지 말라 내 이름을 의탁하여 능한 일을 행하고 즉시로 나를 비방할 자가 없다"(막9:38, 39)고 하신 예수님의 말씀을 생각나게 하는 해리 집의 가정교회의 시작은 비록 작은 해프닝에서 시작했지만 이제 더 크고 놀라운 구원의 통로가 될 것으로 믿는다.

Mission India

오직 성령이 너희에게 임하시면 너희가 권능을 받고
예루살렘과 온 유대와 사마리아와 땅 끝까지 이르러
내 증인이 되리라 하시니라 (행1:8)

지난 3월 초에 몇 장의 사진을 해리가 보내왔다. 다섯 명의 형제자매들이 세례를 받는 모습이었다. 옥상에 큰 튜브를 설치하고 그곳에서 침례를 주는 모습이었다. 가정교회에 나오는 사람들은 부부들부터 시작해서 차세대 아이들까지 부모님이나 할아버지 손을 잡고 오는 경우가 많다. 해리도 한 사람이 믿었을 때 그의 집이 구원을 받은 것처럼 한 사람의 여성이 구원 받았을 때 그의 가족이 구원 받는 역사가 인도 땅에서도 이루어지고 있는 것이다.

인도인들은 story telling을 참 잘하는 민족이다. 그러기에 수많은 힌두교 신들에 대한 신화 같은 이야기를 만들어서 그것을 믿는 다신교의 나라가 되었다. 사역을 시작하는 초창기에 보도된 신문에는 이런 기사가 있다. 인도 정부가 인도 남부와 스리랑카 사이에 있는 바다를 준설해서 뱃길을 만드는 계획을 발표했는데 결국 이 국가적인 계획은 취소됐다는 것이다.

인도에서 가장 인기 있는 '라마야나'라는 서사시에 나오는 신화는 라마의 왕자가 그의 아내인 시타를 납치한 라바나로부터 구출하기 위하여 충성스런 원숭이 장군인 하누만(시바 신의 아바타)이 지금의 스리랑카에 가서 구출한다는 것이다. 지금도 인공위성에서 보면 인도 남부와 스리랑카를 연결하는 듯한 수중다리가 보인다고 한다. 이 신성한(?) 다리를 어떻게 준설할 수 있느냐는 것이다. 하누만은 힌두 신들 중에서 많은 사람들이 좋아하고 있다. 인도 영화를 발리우드(Bollywood)라고 한다. 뭄바이의 옛 지명인 봄베이와 헐리우드의 합성어이다.

미국의 헐리우드보다도 더 많은 영화가 만들어져서 세계

최대 영화제작국가이다. 인도 영화의 story에는 ABCD가 있다고 한다. Anybody can dance의 첫 자를 딴 것인데 인도인들은 춤추기를 참 좋아한다. 신분제도와 각박한 삶에 지친 이들을 대리만족시키기 위한 것이라고 하는데 반드시 권선징악의 끝은 happy ending이어야 한다.

요즘 new cinema는 빈곤, 여성, 범죄 등 사회문제도 많이 다루고 있지만 전통적인 영화 내용과는 거리가 있다. 인도 영화는 한 명의 스타, 세 가지 춤, 여섯 곡의 노래가 등장해야 한다. 반드시 히어로가 있어야 하고 다양한 장르가 있어야 한다. 그래서 인도 영화를 마살라 영화라고 한다.

나는 성경이 인도인들에게 맞는 모든 내용을 가지고 있다고 생각한다. 어떠한 환난과 죽음 속에서도 종국에는 승리하시는 예수님의 이야기로 가득 차 있다. 지어진 이야기가 아니요 사람의 생각과 상상 속에서 만들어진 어떤 내용보다도 더 극적이고 사실에 근거한 이야기이다. 인도의 신 브라흐마는 창조를 끝내고 지금 쉬고 있어서 별로 인기 있는 믿음의 대상이 아니라고 한다. 왜냐하면 과거의 신이기 때문이다. 현상유지의 신 비슈누는 현실을 대변하는 신이다.

그리고 파괴의 신 시바는 미래를 상징한다.

인도에 갔을 때 어떤 사원이 눈에 띄어서 인도 형제에게 어떤 신이 있는 사원이냐고 물었더니 금요일의 신이 있는 곳이라고 한다. 참 이해가 안됐다. 삼위일체의 하나님은 지금도 살아계셔서 역사하신다. 창조, 십자가, 부활 그리고 재림신앙을 그들에게 전파하고 창조로부터 예수그리스도의 구속, 부활, 그리고 다시 오심까지 놀라운 하나님의 이야기가 있는 성경이야말로 인도인들을 변화시킬 수 있는 살아있는 이야기이다.

출애굽, 홍수사건, 아브라함, 요셉, 야곱, 물로 포도주를 만든 기적, 죽은 자를 살리신 예수님, 제자들의 사역, 사도 바울과 수많은 믿음의 선진들의 이야기를 그들에게 들려 줘야 한다.

요즘 인도에서 많은 사람들이 힌두에서 불교로 개종하고 있다고 한다. 카스트의 병폐와 불평등을 피해서 불교로 개종하는데 아주 유명하고 영향력 있는 불교 승려가 있는 모양이다. 반면에 많은 시크교도들이 기독교로 개종한다는 좋은 소식도 들린다. 그들이 우상처럼 여기는 경전보다도 더 훌륭하고 살아있는 말씀인 성경이 있기 때문이다.

시크교도가 많은 펀잡 주에 수 백 명이 출석하는 교회가 계속해서 나오고 있다. 교회는 부흥해야 한다. '목적이 이끄는 삶'(릭 워렌 목사 지음)에 보면 교회가 부흥하지 않아도 된다고 주장하는 사람들에게 동의할 수 없다면서 교회는 믿지 않는 사람들이 구원받을 수 있는 유일한 구원의 통로이기에 교회는 반드시 부흥해야 한다는 주장에 나는 전적으로 동의한다.

인도의 교회는 반드시 부흥해야 한다. 해리 교회도, 펀잡의 교회들도 그리고 나갈랜드와 남인도의 모든 교회들을 통해서 'Mission India'의 기치를 높이 들고 땅 끝까지 이르러 증인된 삶을 사는 이들로 가득차기를 기도한다.

역파송이 또 하나의 정답이다

주 하나님이 이르시되 나는 알파와 오메가라
이제도 있고 전에도 있었고 장차 올 자요
전능한 자라 하시더라 (계1:8)

코로나는 우리에게 참으로 많은 것을 가르쳐주었다. 예수님께서 다시 오실 재림의 조건이 크게 세 가지가 있다면 이미 두 가지는 충족된 것 같은 생각이다. 마지막 때가 오면 물리적인 자연현상으로 지진과 가뭄, 전쟁, 전염병이 빈번하고 창궐한다고 했는데 현재 세상의 상황은 내일이라도 세상의 끝이 온다고 해도 이상하지 않을 것이다.

두 번째는 영적 어두움의 세상이 오는 것인데 각종 이단의 창궐과 창조질서를 무너뜨리려는 사단의 계략과 이기주의 그리고 하나님의 백성들을 박해하고 탄압하고 죽이는 영적전쟁이 세상을 지배하고 있다.

마지막으로 모든 민족에게 천국복음이 전파되는 것인데 미국인구조회국 자료(2015/03/24)에 의하면 세계인구는 약 73억이고 여러 단체(Peoples Groups, World Christian Database, Joshua Project, 미국 남침례교단 선교부)의 통계자료를 종합하면 세계적으로 약 9,800~11,500여개의 종족이 있고 복음율 5% 이하의 미전도 종족이 약 4,000~6,800여개가 남아있는 것으로 돼 있다.

미전도 종족을 세분화하면 복음률 5% 이하, 복음률 2% 이하, 미접촉 종족으로 구분할 수 있는데 복음률 2% 이하가 1,700~3,200개, 미접촉 종족이 아직도 400여개가 되는 것으로 알려져 있다. 인도는 중국을 제치고 세계인구 1위국이 되었다. 미전도 종족이 2,000여 개가 남아있는 인도는 선교적으로 매우 중요한 국가이다.

모든 종교가 다 있는 나라이다. 힌두교, 무슬림, 시크교,

불교, 자이나교 그리고 이름도 없는 수많은 우상들이 있는 곳이다. 사도 바울은 아레오바고 가운데 서서 말하되 "아덴 사람들아 너희를 보니 범사에 종교심이 많도다 내가 두루 다니며 너희가 위하는 것들을 보다가 알지 못하는 신에게 라고 새긴 단도 보았느니"(행17:22, 23)라고 외쳤듯이 참으로 종교심이 많은 인도인들에게 천지의 주재시며 손으로 지은 전에 계시지 아니하시는 하나님을 전해야 한다. 그들의 문화를 잘 파악하고 전략을 잘 세워야 한다. 특히 현지에서 사역하는 선교사들의 현황을 잘 파악해야 한다.

전통적인 4P 단계에서 어느 단계로 와 있는지를 잘 파악하는 것도 중요하다. 교회개척(Pioneer) 단계, 양육(Parent) 단계, 동역자(Partner) 단계, 리더십 이양/참여(Participation) 단계이다.

작년에 어느 선교단체의 책임자와 말씀을 나눈 적이 있다. 가장 중요하게 여기는 선교사의 자질 중의 하나는 현지어 습득 능력이라고 한다. 기간이 지남에 따라 언어구사 능력을 테스트하고 요구조건을 충족하지 못하면 귀국시킨다고 한다.

당연히 맞는 말일 것이다. 가장 기본적인 현지어를 못하면서 어떻게 복음을 전할 수 있겠는가? 그리고 국내에서 근로자로 또는 유학생으로 왔다가 돌아간 형제자매들과의 소통채널을 계속 유지해야 한다. SNS와 온라인을 통한 줌 예배와 facebook 예배에 참여할 수 있도록 초대하고 국내 이주민 선교와 현지 선교사가 빈번하게 소통해서 귀국해서도 연결고리를 계속 유지해야 한다.

가장 좋은 방법은 해리와 같이 역파송하는 것이다. 해리와 같은 친구들을 교회 선교 프로그램에 참여시켜서 TP(Turning Point)와 OSOM(Onnuri School of Mission)을 통해서 양육하고 장기선교사로 또는 결연 선교사로 계속해서 활용하는 것이다.

작년에 끊임없이 네팔에 있는 벤자민목사에게서 전화가 왔다. 나를 항상 멘토로 여긴다면서 신학교에서 한 과목 강의를 맡아 주면 좋겠다고 한다. 나는 그럴만한 실력도 소통능력도 없다고 몇 번이고 고사했지만 벤자민은 신학교 학생들이 졸업하면 네팔 전역으로 나가서 교회개척을 할 목회자들이니 격려하는 말이라도 좋으니 1회 특강이라도 해 달라고 강청한다.

실시간 줌으로 하는 강의라 준비해서 1시간 이내로 시간을 내기로 했다. 평소 리더십에 대해 관심이 많았던 터라 영어 LEADERSHIP의 이니셜을 가지고 만든 내용으로 강의를 하기로 했다. 30여명이 큰 모니터 앞에 앉아있고 나는 내 PC 모니터 앞에 앉아서 강의를 시작했다.

리더십은 영어로 LEADERSHIP입니다. 단어의 첫 알파벳들로 만든 단어들로 리더가 가져야 할 소양에 대해서 나눠보려고 합니다. 이것은 목회자뿐만 아니라 마지막 때를 살아가는 모든 성도들에게도 필요한 자질과 덕목이라고 믿습니다.

처음 L은 여러 가지 의미가 있겠지만 저는 리더가 가져야 할 가장 중요한 자세는 Listening(경청)이라고 봅니다. 듣는 것을 뜻하는 한자의 청(聽)이라는 글자는 귀를 뜻하는 이(耳), 왕(王), 열을 뜻하는 십(十), 눈을 뜻하는 목(目), 하나를 뜻하는 일(一), 마음 심(心)의 복합체입니다. 듣는 것은 왕의 귀를 가지고 모든 백성들이 말하는 것을 들어야 하는 것이고, 열 개의 눈을 가지고 보는 것처럼 들어야 하는 것입니다. 그리고 한 마음으로 들어야 하는 것입니다.

또한 리더는 Leading(이끌어 나가는 능력)이 필요하고 계속해서 Learning(배움)해야 합니다. 물론 Loving(사랑)은 꼭 필요한 덕목입니다. 말이 끝나기가 무섭게 벤자민이 다시 한번 학생들에게 묻는다. L이 뜻하는 바가 무엇이라고 했나요? 모두들 대답한다. Listening, Leading, Learning, Loving입니다. 벤자민이 나에게 계속하라고 한다.

다음에는 E입니다.

Encouraging(격려), Educating(양육), Empathizing(공감), Exercising(훈련)입니다. 여러분 모두 공감하나요? 지도자는 다른 사람들을 격려해서 힘을 줘야하고 더 큰 리더로 양육해야 합니다. 그들의 의견에 공감하는 것이야말로 중요합니다. 리더는 끊임없이 훈련하고 연습하고 움직여야 합니다. 또 다시 벤자민은 물어 대답하게 함으로써 학생들에게 내용을 강조한다.

다음에는 A입니다.

A는 많은 의미를 가지고 있습니다. Advising(권면), Aiding(도움), Acting first(솔선수범), Authority(권위), Asking (간구)입니다. 권위(authority)는 권위주의(authoritarianism) 과 다릅니다. 권위는 내가 세우는 것이 아니라 다른 사람이 세워 주는 것입니다. 우리의 인격을 보고 세워지는 것입니다. 솔선수범함으로 겸손과 온유로 사람들을 대할 때 권위 가 세워질 것입니다.

마태복음 7장 7절에 구하라 그리하면 주실 것이요 찾으 라 그리하면 찾아낼 것이요 문을 두드리라 그리하면 너희에 게 열릴 것이라고 하셨습니다. 구하라는 ask이고 찾으라는 seek이고 두드리라는 knock입니다. 나는 이 세 단어의 첫 글자를 합치면 ASK가 되는 것을 발견했습니다. 따라서 ask-ing은 찾으라의 한 가지 의미만을 가지고 있는 것이 아니라 구하고 찾고 두드리라는 세 가지 의미를 전부 가지고 있다 고 봅니다. 지도자가 기도할 때 간절히 구하고 찾고 두드리 는 자세가 필요할 것입니다.

네 번째 이니셜은 D입니다.

Devoting(헌신), Developing(개발), Decision-making (의사결정), Dynamic Discipleship(역동적 제자도)가 필요합니다. 우리는 예수님의 제자입니다. 끊임없이 헌신하고 개척하고 개발하고 부흥하고 새롭게 되어야 합니다. 무엇보다도 역동적이어야 합니다. 가만히 머물러 있으면 안 됩니다.

다섯 번째 이니셜은 두 번째와 마찬가지로 E가 또 나옵니다. 네 번째 역동적 제자도와 관련해서 하나님 나라가 Escalating(확대, 증대), Elevating(향상), Evangelical(전도), Explosive(폭발)하는 것이 맞다고 봅니다. 마지막 때에는 예수님 오실 때까지 우리가 한시적으로 할 수밖에 없는 전도와 선교를 위해서 폭발적으로 달려 나가야 합니다. 교회는 부흥해야 합니다. 하나님 나라는 확장되어야 하고 지경이 넓어져야 합니다.

'토미 테니'라는 분은 "부흥이란 하나님의 말씀이 교회의 벽을 뚫고 나가서 세상에서 폭발하는 것이다"라고 말씀했다고 합니다. '존 웨슬리'는 "온 세상이 다 나의 교구이다(The world is my parish)"라고 말했다고 합니다. 우리 모두 쓰임 받는 리더가 되기를 바랍니다.

여섯 번째는 R입니다.

Relationship(관계성), Responsibility(책임성), Responding(반응)입니다. 신앙생활은 우리가 하나님과의 관계, 성도들과 세상과의 관계, 자연과 환경과의 관계를 어떻게 갖느냐에 달려있다는 말이 있습니다. 리더는 책임감이 있어야 하고 책임을 져야합니다. 그리고 잘 반응해야 합니다. 무관심과 회피하는 태도는 리더의 덕목이 아닙니다.

다음은 S입니다.

Serving(섬김), Spirituality(영성), Sympathy(긍휼)입니다. 예수님의 리더십은 섬김이었습니다. 강압적이거나 권위주의적인 이끄심이 아니었습니다. 그리고 크리스찬 리더는 세속적이거나 세상사에 너무 민감해서는 안 됩니다. 한 영혼에 대한 긍휼의 마음이 있어야 전도도 선교도 가능할 것입니다.

여덟 번째는 H입니다.

Humble(겸손), Holy(거룩), Happy(행복), Higher Vision

(높은 비전)입니다. 무엇보다도 리더는 겸손해야합니다. 교만해서는 안 됩니다. 그리고 늘 정결하고 거룩한 삶을 살아야 합니다. 리더가 행복할 때 다른 사람들도 행복합니다. 주님이 주시는 기쁨(Joy)으로 충만할 때 행복할 것입니다. 그리고 더 크고 높은 비전을 가져야 합니다.

아홉 번째는 I입니다.

Influential(영향력), Informative(정보), Intelligent(현명)하고 Insight(통찰력)를 가지고 있어야 합니다. 리더는 빛과 소금의 역할을 다함으로써 세상을 변화시키는 영향력이 있어야 합니다. 정보를 많이 가지고 있되 유익하고 선한 정보를 가지고 있어야 합니다. 늘 지혜롭게 대처하고 통찰력을 가져야 모든 일을 잘 이끌어 나갈 것입니다.

마지막 열 번째는 P입니다.

Pray(기도), Passion(열정), Purpose-driven(목표 지향적)해야 합니다. 지도자는 늘 기도해야 합니다. 열정을 가지고 모든 일에 임해야 합니다. 그리고 명확하고 성취 가능한 목표를 향하여 달려가야 합니다. 중국어의 '위기'라는 단어는 위험(Danger)과 위태로움(Risk) 안에 기회(Opportunity,

Chance)가 있다는 말이라고 합니다. 어떠한 어려움에 처해도 능히 이길 수 있는 것은 오직 기도일 것입니다. 리더십의 단어 속에 언급된 열 가지를 생각하며 앞으로 교회를 개척해서 리더의 자리에 있을 때 꼭 기억하고 살아가기를 바랍니다.

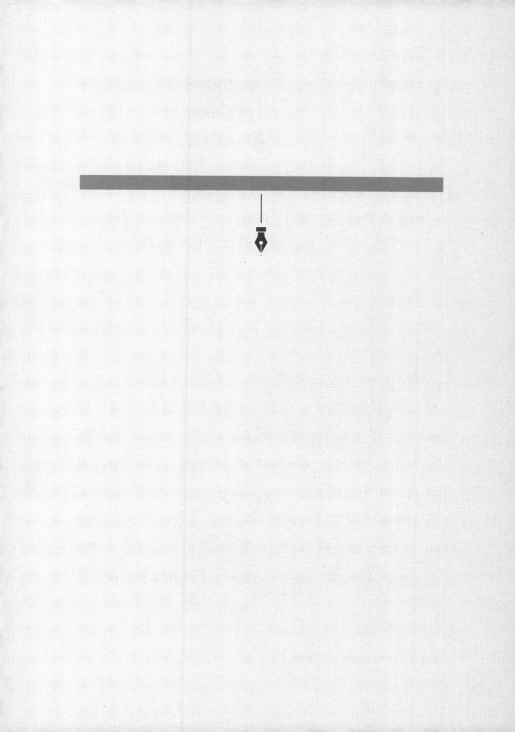

오직 주님의 사랑으로

아들에 관해서는 하나님이여 주의 보좌는 영영하여
주의 나라의 규는 공평한 규이니이다 (히1:8)

힌두권 특히 인도사람들에게 종교성은 특심이 너무 가득
차 있다. 네팔인들도 마찬가지이다. 네팔에 있을 때 비가 많
이 오는 날 벤자민과 함께 힌두교 사원에 간 적이 있었다.
광장 앞에 커다란 수레가 하나 서 있었는데 그 위에 어린 소
녀 하나가 진하게 화장을 하고 앉아 있었고 많은 사람들이
마차 밑에서 절을 하며 돈을 놓고 가는 모습을 보았다. 그들
이 신이라고 부르는 '쿠마리'였다. 많은 인권에 대한 논쟁이
있음에도 불구하고 그들의 부모는 딸이 쿠마리가 되기를 원

한다.

　인도와 네팔의 힌두교인들의 비율은 80% 정도로 비슷하다. 그러나 불교의 발상지로 알려진 인도는 0.7%지만 네팔은 9%가 불교도이다. 그래서 그들은 현재 네팔에 속해 있는 석가의 탄생지인 '룸비니'를 자랑한다. 힌두교와 불교와 자이나교는 결국 뿌리가 하나인데 그들의 자아가 너무 강하다. 인간이 만든 눈에 보이는 우상 밑에서 인간이 지은 신화 같은 이야기 속에서 삶의 전부가 수레바퀴 속에서 굴러가는 것이 안타깝다.

　"눈물을 흘리며 씨를 뿌리는 자는 기쁨으로 거두리로다"(시126:5) 씨를 뿌리는 것은 그렇게 힘들지 않다. 씨를 뿌리기 전에 잡초를 제거하고 돌을 치우고 거름을 주고 밭을 가는 것이 힘들다. 그래서 눈물로 씨를 뿌릴 수밖에 없다. "나는 심었고 아볼로는 물을 주었으되 오직 하나님께서 자라나게 하셨나니"(고전3:6). 결국 선교는 하나님께서 하시는 것이다. 나는 선교에 쓰임 받는 것이다. 그러나 선교전략은 필요하다. 선교는 전략이고 전략 없는 선교는 실패한다.

현대경영학의 아버지라고 불리는 '피터 드러커' 교수는 목표에 의한 관리를 위해 SMART 이론을 만들었다. 그것은 구체적이고 명시적이어야 하고(Specific), 수치로 측정가능 하고(Measurable), 즉시 행동이 가능하고 달성이 가능해야 하며(Action-oriented and Achievable), 현실적이고 타당성 이 있어야 하며(Realistic), 시간을 고려해고 마감시간이 있 어야 한다(Time-related and Time bound)고 주장했다. 비록 경영학에서 목표관리를 위한 이론으로 만들었지만 선교 현장에서도 배울 점은 있는 것 같다.

어느 선교단체는 'Mission India'의 기치 하에 100만의 청년들을 선교사로 양성해서 목표하는 해까지 파송하는 큰 꿈을 가지고 있다. 이 전략을 성취하기 위해 구체적인 행동 계획과 타당성 있는 time table을 가지고 진행상황을 체크 하고 검토하고 달려 나간다고 한다. 가끔 현지 선교사들에 게서 받는 기도 제목을 보면 구체성이 결여됐거나 그저 말 로만 끝날 내용이나 타당성이 없는 경우가 있다. 물론 선교 에 시간과 재정을 잣대로 판단할 수는 없다. 이러한 것을 주 장하는 사람들에게 나는 아프리카에 파송돼서 일평생을 선교했던 선교사의 이야기를 하기 때문이다.

그가 평생 동안 그 지역에서 얻은 열매는 청년 한명이었다. 그런데 그 청년이 사망해서 정성껏 장례를 치러주고 그 마을을 떠나고자 했을 때 그를 오랫동안 보아왔던 마을 사람들이 모두 예수님을 믿게 됐다는 이야기이다. 남미 정글에 들어갔다가 순교한 '짐 엘리어트' 선교사의 일기장에는 "나의 사명은 이 세상에 하나님의 발자국을 남기는 것입니다"라고 써 있다고 한다. '짐 엘리어트' 선교사를 포함한 다섯 명의 선교사들과 짐의 부인인 '엘리자벳 엘리어트'의 선교 이야기를 통해서 예수그리스도의 십자가만이 구원에 이끄는 길이요 진리요 생명임을 전해야 하는 것이다. 위 두 가지 이야기는 시간과 재정의 문제가 아니다. 천하보다 귀한 한 영혼을 향한 하나님의 사랑을 전하기 위한 우리의 사명이기 때문이다.

인도인들은 수 천 년 동안 영적으로 육신적으로 찌들린 것이 있다. 그래서 이것을 탈피하기 위해서는 범아일여라는 장치가 필요했다. 처음에는 무생물계에도 영혼이 있다고 믿는 애니미즘(animism)에서 동식물 같은 자연을 숭배하는

토테미즘(totemism)으로 주술사를 통한 무속신앙의 샤머니즘(shamanism)에 이르기까지 그들에게 의지할 이야기가 필요했을 것이다. 이들을 변화시키기 위하여 어떻게 해야 하는가?

해리는 인격적으로 예수그리스도를 만났다.

힌두교의 수많은 신들은 단지 우상에 지나지 않는다는 것을 알았다. 아무 능력도 아무 영향력도 끼치지 않는 것을 체험했다. 신들의 이야기는 그저 사람이 만든 허구일 뿐인 것을 알았다. 주님의 나라는 영원하고 주님의 능력은 무궁무진하고 우리를 지켜주시고 인도하시는 분은 의롭고 공평하고 변하지 않는 주님이시며 성경이 생명의 말씀임을 알게 된 것이다.

우리는 힌두권을 변화시키기 위해서는 기존 관념을 철저히 배격해야 한다. 어설픈 상황화나 상징 빼앗기('문화와 선교', 손창남 지음)는 위험할 수가 있다. 현지에 파송된 선교사가 상황화에 빠진 결과 힌두교인이 됐다는 이야기도 있다. 만약 창조주 하나님을 그들의 창조신인 '브라흐마'라고 부른다면 혼합주의에 빠질 수 있다. 자칫 삼위일체의 하나님을 설명하다가는 그들의 삼신과 섞일 것이다. 현지문화의 코드를 입힐 경우에도 종교성을 잘 활용해야하고 그들의 미풍양속을 잘 활용하는 것이 바람직하다.

수 년 전에 철저한 힌두교인 두 명이 한국에 출장을 온 적이 있다. 찜질방에 데려갔다가 5분 만에 나온 적이 있다. 인도인들은 옷을 벗고 대중목욕탕에 들어가는 문화가 없다. 무슬림들에게 삼위일체를 설명하는 이야기가 있다고 한다.

1 + 1 + 1은 3인데 왜 하나가 되느냐고 물으면 1×1×1은 무엇이냐고 반문하고 1이라고 대답할 때 바로 이것이 삼위일체라고 설명한다는 것이다. 왜 더하기만 하는가? 곱하기는 안 하는가?라고 말하면 조용해진다고 한다. 오래 전에 세계적인 석유회사가 회사 이름을 개명하려고 할 때 '엔코'라고 지어놓고 각 나라에서 엔코로 발음하는 의미가 무엇인 조사해 본 결과 일본에서 연료가 떨어졌을 때 말하는 것을 알고 새롭게 만든 이름을 취소했다는 일화가 있다. 아무튼 인도에서의 상황화와 상징 빼앗기는 신중을 기해야 한다. 전적으로 다르게 접근할 필요가 있다.

둘째로는 그들의 고정관념을 버리게 해야 한다. 선행이 구원받는 것의 필요조건이라고 말할 때 기준의 모순성을 지적하거나 힌두교 신들이 살아 있는 신인지를 말해야 한다. 인도인들의 종교성을 변화시키는 것은 그들의 주장이 과학과 상식과 합리성에도 맞지 않기 때문이다.

'가네샤' 신은 시바 신의 아들로서 시바가 실수로 목을 잘못 베고 나서 옆에 가고 있는 코끼리 목을 황급히 베어 대신 붙여서 살아난 신이다. 하누만이라는 신은 원숭이 장군이 왕비를 구출해 오는 이야기로 인해 만들어진 원숭이 신이다. 마더 테레사도 신이 됐다는 이야기도 있다.

고행과 명상과 선행을 통하여 윤회의 업보를 벗어버리고 해탈의 경지에 들어가서 내가 신이 될 수 있다는 생각은 오직 예수그리스도의 십자가의 사랑만이 바꿀 수 있다. 스탠리 존스 선교사가 뇌졸중에 걸렸을 때 병원의 의사와 간호사에게 "나사렛 예수그리스도의 이름으로 명하노니, 스탠리 걸으라!"고 외쳐달라고 했을 때 6개월 만에 완치돼서 인도 선교지로 돌아간 것처럼 "나사렛 예수그리스도의 이름으로 명하노니 인도인들이여 깨어나라!" 외치고 싶다. 인내하고 참고 기다려주는 믿음이 필요하다.

셋째로 인도인들의 가장을 변화시켜야 한다. 아버지가 변하면 모든 가족이 변한다. 현지에서는 제한이 많아도 이곳에서는 아무 제약이 없다. 땅 끝으로 수많은 사람들을 보내주셨고 그래서 이곳 한국 땅 내가 서있는 곳이 땅 끝이기 때문이다. 해리가 변화됐을 때 그의 모든 가족과 가문이 구원을 받았다. 가장을 복음화 했을 때 가족이 변한다.

넷째로 차세대 자녀들을 복음화해야 한다.

차세대 아이들은 이제 세계의 문화와 정보에 민감하다. 그들에게 새로운 문화에 눈뜨게 하는 것이 필요하다. 철저한 불교국가인 라오스에서 기독교 문화가 들어간 영어 교재를 사용해서 자녀들을 가르치는 국제학교 이야기를 들은 적이 있다. 자녀들의 부모는 그곳의 상류층인데 모두 무언으로 교육을 허용한다는 것이다. 인도인들의 교육에 대한 열의가 대단하다. 마치 두터운 외투를 입고 평생을 벗지 않을 몸과 같은 옷으로 치장한 성인들보다는 차세대 아이들을 중심으로 선교전략을 세우는 것이 좋을 것이다.

다섯째, 문화를 변화시키는 것이다. 네팔에 있는 바라무 목사는 네팔의 전통적인 장례문화를 바꾸고 있다. 화장터의 노출된 장작더미와 불결한 시냇물, 악취 그리고 그 물에 유골을 뿌리는 문화는 누가 보더라도 별로 내키지 않는 모습이다. 그는 카트만두에서 3~4시간 걸리는 장소에 야산을 매입해서 기독교 공동묘지를 만들었다. 크지는 않지만 미리 선정된 기독교인들만이 그곳에 매장될 수 있다. 인도에서도 현대식 화장터를 세워서 기독교식으로 장례를 치르게 한다면 많은 사람들이 변화될 것이다.

　　음식문화도 마찬가지이다. 숟가락을 쓰지 않는 이유는 손으로 카레를 먹을 때 나의 영이 묻어들어 가기 때문이라고 말하는 이도 있고 어떤 이는 숟가락을 만든 사람이 카스트의 밑바닥에 있는 사람이 만들어서 사용하지 않는다고 말하는 이도 있다. 위생을 위한 건전한 기독교문화를 심는 것도 변화의 한 가지가 될 수 있다. 또한 영화와 춤과 노래를 좋아하는 인도인들에게 성경 이야기를 드라마나 영상 그리고 이야기책의 형태로 흥미롭게 스토리텔링을 해서 보급하면 좋을 것이다.

여섯째로는 촉매선교의 활성화이다. 코로나 때 각종 SNS를 통한 예배는 인도에 가 있는 형제들까지 들어와서 풍성한 은혜를 나누었다. 네팔어 예배도 마찬가지였다. 많은 예배 영상과 콘텐츠를 제작해서 힌두권에 있는 사람들이 접하도록 해야 한다.

일곱째로는 현지 목회자들을 적극 활용하는 것이다. 어느 선교단체는 현지 언어가 일정기간 내에 일정 수준으로 올라오지 않으면 선교지에서 철수했다가 요건이 충족되면 재 파송한다고 한다. 힌디어는 세계에서 어려운 언어의 다섯 번째 안에 들어간다고 한다. 그만큼 배우기가 어려워서 파송 10년이 되도록 설교를 못하는 선교사들도 많다고 한다. 그럼에도 불구하고 선교사를 계속 파송해야 하지만 현지 목회자들을 적극 활용하는 방법을 강구해야 한다.

코로나 때 현지 선교사들은 모두 귀국했지만 자리를 지키고 목회했던 분들은 모두 현지인들이었다. 현지 목회자들을 국내에서 양육해서 선교사로 파송하는 제도의 문호를 활짝 여는 것이 필요하다. 그리고 국내 이주민 선교를 위해 선교전략을 재정립할 필요가 있다.

여덟째로는 의료사역이다. 인도와 네팔인들의 마음을 열기에 가장 좋은 방법은 의료사역이다. 남양주에서는 '헤세드'라는 의료팀을 구성해서 매달 그들을 열심히 섬겼다. 치과, 내과, 외과, 피부과와 약사 및 간호사분들이 와서 거의 종합병원 수준으로 섬겼다. 류기선집사님을 비롯한 의료진들의 헌신적인 섬김은 그들의 마음을 여는 중요한 선교의 tool이었다. 나그네들의 아픔을 돌보는 것이야말로 그들에게 더 가까이 가는 방법이다.

마지막으로 끊임없는 양육과 교제이다. 일대일과 큐티를 통하여 말씀을 나누고 수시로 그들의 공장이나 농장에서 대화를 나누며 교제하는 것이다. 일주일에 한번 교회에서 만나는 것으로는 절대 부족하다. 현지에서도 마찬가지일 것이다. 삶을 나누고 함께 웃고 울며 오직 십자가의 복음으로 그들을 인도할 때 영원한 하늘나라를 소망할 수 있다. 해리의 변화는 바로 이러한 노력의 열매인 것이다.

조약돌만이라도 남기고 싶습니다

너희는 스스로 삼가 우리가 일한 것을 잃지 말고
오직 온전한 상을 받으라 (요이1:8)

주변에 많은 사람들과 얘기를 해보면 전도와 선교는 어떤 특정한 사람들이 하는 것으로 말을 한다. 외국어를 못해서 재정이 없어서 시간이 없어서 비전이 없어서 재능이 없어서 달란트가 없어서 경험이 없어서 먹고 살기가 힘들어서 등등 이유가 수없이 많다. 그런데 그것은 내 경험으로는 대부분 핑계다. 전도와 선교의 가장 기본적인 덕목은 긍휼의 마음이다. 영혼을 불쌍히 여기는 마음이 없이는 전도와 선교를 하는 것이 어렵다. 따라서 전도와 선교는 무엇이 부족해서 못하는 것이 아니라 한 영혼을 향한 긍휼한 마음이 없어서 안하는 것이다.

전철 중에 경의중앙선이 있다. 주로 양평 용문에서 문산까지 가는 노선인데 플랫폼에 들어오는 열차를 안내할 때 영어로 이렇게 안내한다. "The train NOW for Munsan is NOW approaching". 그런데 전철 호선별로 유심히 들어보면 제 각각이다. 3호선 하행선은 "The train for Ogeum is approaching".으로 안내한다. NOW가 하나도 없다. 또 어떤 호선은 NOW가 한 곳에만 있다. 나는 이것을 구원의 긴박성이라고 표현하고 싶다.

남과 북을 이어주는 경의중앙선을 지나가는 수많은 지역에 구원이 속히 오기를 바라는 마음에서 Now를 강조하기 위해 두 번씩이나 반복하는 것은 아닐까? 그리고 NOW는 'None On Waiting'이다. 내가 구원받기를 결심하지 않으면 나를 구원의 대기자 명단에 넣고 기다리는 사람은 아무도 없다. 지금이 중요하다.

어느 통계에 의하면 외국인근로자들이 교회에 오는 이유

는 첫째로 마음의 평안을 얻기 위하여, 둘째로 친절한 환대로 인하여, 셋째로 도움이 되는 지원 때문이라고 한다. 디아스포라로서의 불안감과 비인격적인 대우 그리고 필요한 의료, 노동, 임금과 언어 문제를 해결해 줄 수 있는 피난처와 같은 곳이 필요한 것이다. 그들을 인격적으로 대할 때 그들은 그들의 마음 문을 활짝 열고 복음을 받아드릴 수 있다.

엠센터를 담당하고 계시는 노규석목사님의 박사학위 논문을 보면 문창선목사님이 이주민 선교사역을 FAITH라는 단어를 사용하여 제시한 내용을 소개하고 있다. 1단계는 Friendship(관계형성)이고 2단계는 Assembly(모임), 3단계는 Independence(독립), 4단계는 Transforming(역파송), 5단계는 Hub(네트워크)이다. 맞는 말씀이다. 1, 2, 3단계를 잘 이루어 놓고 4, 5단계를 등한시하면 안 된다.

해리를 비롯한 수많은 인도, 네팔, 베트남인들이 세례를 받은 것도 이러한 인격적인 만남과 교제 때문이었다. 한 사람이 변화하면 가정이 변하고 가문이 변하고 지역이 변하고 종족과 국가가 변하고 열방이 변한다.

2013년도에 장로로 장립 받았을 때 100자 이내로 소감문을 적어내라고 했다. 사진과 소감문이 모든 동기 장로들과 함께 온누리신문에 실렸다. 고린도전서 3장 6절부터 3장 15절까지 선교는 우리가 심는 것이며 주님께서 자라나게 하셨으며 심는 이와 물주는 이가 한 가지이나 자기가 일한 대로 자기의 상을 받는다고 하신다. 그리고 예수님의 터 위에 무엇으로 건축했는지 불로 태워서 시험하시겠다고 하신다. 내가 세운 것이 금이나 은이나 보석이면 분명히 공적이 남을 것이다. 그러나 나무나 풀이나 짚으로 세웠다면 불에 타서 재만 남을 것이니 얼마나 부끄러울 것인가.

나는 소감문에 불에 태운 후에 조그만 조약돌 하나라도 남으면 좋겠다고 썼다. 금과 은과 보석이 아니더라도 불에 타지 않는 돌멩이 하나라도 남을 수 있다면 덜 부끄럽지 않을까. 느헤미야는 마지막 13장 31절에 "내 하나님이여 나를 기억하사 복을 주옵소서" 기도했다. 사도 바울은 로마의 감옥에서 "나는 선한 싸움을 싸우고 나의 달려갈 길을 마치고 믿음을 지켰으니 이제 후로는 의의 면류관이 예비 되었으므로 곧 의로우신 재판장이 그날에 내게 주실 것이며"(딤후

4:7-8)라고 선포했다.

주님, 해리를 비롯한 복음을 받아 들인 형제들을 통하여 인도 땅이 물이 바다 됨과 같이 복음으로 덮히게 하옵소서. 네팔의 신실한 믿음의 자녀들이 네팔 땅을 변하게 하옵소서. 힌두권의 백성들이 그들의 우상들을 버리고 살아계셔서 역사하시는 하나님께 돌아오게 하시고 주님께서 주님의 자녀들과 함께 아름다운 발로 날마다 인도 땅을 걷게 하옵소서.

에필로그

해리는 오늘도 열심히 전도와 목회로 바쁘게 살아가고 있다. 앞으로 그에게 더 많은 선교과정을 이수하게 하고 싶다. TP, OSOM 등을 통하여 역파송한 현지선교사로 복음의 불모지인 북인도에서 한국에서 일하다가 돌아간 형제들에게 지속적으로 복음을 전하고 지역을 변화시키는 큰 일꾼이 되기를 위해 기도할 것이다.

정인숙권사님과 이규방집사님 부부는 한결같이 토요일이면 네팔인들을 엠센터로 실어 나르는 일을 한 주도 거르지 않고 하고 계신다. 요즈음에는 청평에서 오는 네팔인들을 사릉역에서 픽업하고 있다.

김성수집사님은 매주 토요일 광릉내 엠센터에서 인도 형제들을 공장과 비닐하우스에서 데려오는 일에 최선을 다하고 있다. 그의 아내 이용희권사님은 운영하시던 미용실도 접으시고 인도, 네팔, 방글라데시 형제들의 머리카락을 커트하는 미용사역을 기쁘게 감당하고 있다.

벤자민목사는 카트만두에서 열심히 후학들을 가르치고 있다. 민문기장로와 연결했더니 민장로께서 온라인으로 온누리교회의 목회철학, 일대일, 큐티, ACTS29 등의 학점제 강의를 벌써 두 학기째 하고 있다. 일대일도 연결해서 몇 명의 신학생들이 온라인으로 동반자 과정을 이수했다. 다가오는 6월 16일에 첫 번째 신학교 졸업식을 갖는다고 초청장을 보냈다. 졸업 후에 모두 교회개척을 위해 네팔 전국으로 흩어질 것이다. 지속적인 후원과 기도가 필요하다.

이주영장로님과 최기숙권사님은 지금도 열심히 섬기고 계신다. 특히 차세대를 위한 기도와 후원으로 큰 어른의 역할을 잘 감당하고 계신다. 매달 기도모임을 위해 식사를 준비하시는데 음식솜씨가 보통이 아니시다. 늘 과식하고 온다.

남가명권사님은 망우교회의 해외선교팀장으로 선교사님들을 잘 섬기고 계신다. 특히 인도의 해리와 네팔의 바라무 목사의 후원을 아끼지 않으신다. 요즘은 무슬림권에 대한 관심도 많으셔서 선교기도모임에서 많은 의견을 교환하고 있다.

아내인 이화영권사는 매주 토요일 저녁부터 늘 분주하다. 주일 날 예배 후에 탈북민들과 함께 나눌 식사를 준비하기 위해 좋지 않은 다리에도 불구하고 먹는 것에 늘 진심이다. 아마 예수님 다시 오실 때까지 멈추지 않을 것 같다. 한 달에 한번 광릉내 엠센터에 카레 만드는 것을 도우러 가서 새로운 메뉴가 나오면 레시피를 받아 적고 기쁘게 사역하고 있다.

양재온누리교회의 김행숙권사님과 서빙고의 전지영자매님은 지금까지 늘 후원을 아끼지 않는다. 하늘나라에 큰 상급을 쌓아놓고 살아가는 분들이다.

사회선교팀장인 이왕선집사는 구리시청에 고위직 공무원인데 조만간 정년퇴임할 예정이다. 맥가이버같은 만능재

주를 가지고 있는 분인데 최근에는 드론 조종사 자격증을 취득했다고 한다. 인도에 함께 가서 인도를 소개하는 유튜브를 함께 운영하며 복음사역을 같이 하자고 얘기하는 중이다.

나는 인도 형제가 준 200평 땅위에 차세대를 위한 컴퓨터, 태권도, 영어학원을 건축해 운영하면서 BAM(Business As Mission)사역으로 인도에서 하나님 나라를 위해 쓰임 받기를 위해 기도중이다. 작년까지 이주민선교와 다문화선교, 탈북민선교와 해외 다락방 결연 선교사들을 섬기는 선교네트워크를 섬기다가 금년에는 전도팀과 사회선교팀 담당 장로를 맡았는데 국내 전도가 너무나 재미있다. 음식점에 가도 약국에 가도 어디에 가든 기회가 되면 전도를 한다. 전도팀은 한 달에 한번 만날 때마다 그 달 중에 전도한 간증을 나누는데 놀랄만한 간증들이 많다. 팀원들이 거의 매일 전도를 가는데 기도해 달라는 기도제목이 단톡방에 올라오고 팀원들이 기도하면 대부분 성공하고 온다. 그야말로 전도특공대원들이다. 그들에게 성령의 능력을 7배나 더해 주옵소서.

매년 목회사관학교로 인해 목회자들이 3~4일 동안 교회를 비울 때 남양주온누리교회는 장로들에게 설교할 기회를 주신다. 금년에도 어김없이 주어졌는데 나에게 이틀이 배정됐고 설교 본문은 사무엘상 6장 1절로 21절까지의 말씀으로 여호와의 궤가 블레셋 사람들에게 빼앗겼다가 귀환하는 내용이다.

내 사위는 믿음이 없는 형제였는데 주님을 믿기로 약속하고 결혼을 허락했다. 결혼 후에 거의 한 주도 빠지지 않고 예배를 드린다. 일대일 동반자 과정도 거의 10주차가 됐다. 그런데 예수님을 알아가기 시작하는 초신자가 생명의 삶을 가지고 큐티를 하다가 "요즘 말씀 속에 예수님은 어디에 계시느냐"고 말했다고 한다. 초신자가 이스라엘의 역사를 모르고는 사무엘상 말씀을 이해하기 어려웠을 것이다. 예표되고 예언된 예수그리스도를 구약에서 찾으려고 한 것 같은데 옆에 있던 딸이 "이제 곧 예수님의 족보에 나오는 다윗이 출현할 것이다"라고 말했다고 한다.

고 하용조목사님께서 생전에 말씀하시기를 "모든 설교는 기승전 예수"이어야 한다고 목회자들에게 말씀하셨다는 이야기를 들은 적이 있는데 구약의 말씀 속에서 예수님을 찾아내고 적용할 수 있다면 사위는 금방 먼저 된 사람이 될 것이라고 믿는다. 선교는 기승전결 모두 예수그리스도이다.

반칠환 시인이 쓴 '새해 첫 기적'이라는 시가 있다.

황새는 날아서
말은 뛰어서
거북이는 걸어서
달팽이는 기어서
굼벵이는 굴렀는데
한날 한시 새해 첫날에 도착했다
바위는 앉은 채로 도착해 있었다.

누구는 황새처럼 저 멀리 열방의 땅 끝에서 주님나라를 향해 날라 온다. 또 누구는 말처럼 달려오고 또 누구는 거북이처럼 달팽이처럼 기어서 오고 또 누구는 굼벵이처럼 굴러서 왔다. 굳건하게 바위처럼 자리를 지키고 계시는 주님 곁으로 주님나라를 위한 열정으로 푯대를 향해 와서 우리는 만난다. 비록 가는 길이 험하고 속도가 늦더라도 우리가 가는 길과 방향이 동일하기 때문이다. 힌두권을 향한 주님의 계획은 오늘도 변함이 없으시다. 지난 20년 간 굼벵이처럼 굴러서 반석이신 예수그리스도의 곁으로 다가온 것처럼 앞으로도 그 여정을 중단하지 않을 것이다. 해리와 같은 수많은 동역자들이 있기 때문에 오늘도 행복하다.